U0730279

陆建范 ◉ 著

# 翰墨金融

中国金融出版社

责任编辑：吕　楠
责任校对：孙　蕊
责任印制：程　颖


图书在版编目（CIP）数据

彩墨金融（Caimo Jinrong）/陆建范著. —北京：中国金融出版社，
2014.4
ISBN 978 – 7 – 5049 – 5417 – 6

Ⅰ. ①彩…　Ⅱ. ①陆…　Ⅲ. ①金融业—经济发展—研究—宁波市
Ⅳ. ①F832.755.3

中国版本图书馆CIP数据核字（2014）第024427号


出版
发行
　　中国金融出版社

社址　北京市丰台区益泽路2号
市场开发部　　（010）63266347，63805472，63439533（传真）
网 上 书 店　http://www.chinafph.com
　　　　　　　（010）63286832，63365686（传真）
读者服务部　　（010）66070833，62568380
邮编　100071
经销　新华书店
印刷　天津银博印刷有限公司
尺寸　155毫米×245毫米
印张　18
字数　178千
版次　2014年4月第1版
印次　2014年7月第2次印刷
定价　88.00元
ISBN 978 – 7 – 5049 – 5417 – 6/F. 4977
如出现印装错误本社负责调换　联系电话（010）63263947

# 目录

## 金融历史故事篇

# 金融名人故事篇

# 现代金融服务篇

## 同业金融合作篇

## 彩 墨 鉴 赏

《彩墨金融》封面书法：杨　馨

# 序一

宁波有一句很著名的老话叫"走遍天下，不如宁波江厦"，这是海内外"宁波帮"对宁波美好过去的回忆。然而，这句话的来历主要是描写20世纪初期宁波航海活跃，商贸昌盛所带来的金融业繁荣。

据《鄞县通志》记载，民国20年（1931年）本地钱庄业已发展到160余家，兑换庄则超过4 000家，资本总额为3 866万银元，其势力凌驾于沪、汉各埠，尤其是首创了不用现金支付的"过账制"，极大地提高了钱庄在整个经济生活中的地位和作用。由于当时钱庄业主要聚集于江厦钱行街一带，从而使江厦街的名声远涉上海与长江沿线各埠，影响遍及国内，为宁波留下了"走遍天下，不如宁波江厦"的说法。

然而，宁波民国期间钱庄业的繁荣，离不开钱庄同业的精诚合作。不仅共同出资9万多银元，建起了全国首屈一指的钱业会馆，而且制定了钱庄业同业庄规，包括"维护同业共同利益，矫正营业之弊害"、"谋金融之流通，保市面之安全"等条款，为当时上百家钱庄业的稳健经营和社会声誉作出了很大的贡献。

借古开今，撷芳启远。如今，金融业已跨入一个全新合作的时代。宁波市银行业协会肩负起了这一崇高的使命，现拥有会员单位56家，同时设立了8个专业委员会。其中，同业合作专业委员会发挥的作用尤为显著，自成立以来，在以陆建范主任为代表的班子精心组织下，紧跟国家形势，贯彻银监局工作精神，解决会员诉求，交流先进经验，弘扬志愿者精神，在全市银行界营造了一种自律互信、融会共育的氛围，值得褒扬。

　　值此《彩墨金融》出版之际，愿金融业继承优秀金融文化，书写"走遍天下，不如宁波江厦"的时代新篇章。

　　欣然为序。

宁波银监局局长　吉照

2013年8月

# 序二

　　《彩墨金融》一书，独辟蹊径，将中国千年绘画与金融文化完美结合在一本书中呈现给读者，给人耳目一新、意犹未尽的感觉，是一种全新的艺术表现形式，开创了中国画与金融文化结合的先河，这是对中国美术界创新艺术合作领域的一种启迪。

　　"港通天下，书藏古今"是对宁波形象的很好概述。宁波历史上不仅出现过全国著名的工商巨子，同样也出现过许多在全国有影响的文化名人和艺术大家，如思想家严子陵、王阳明、黄宗羲等，文学家余秋雨，国画大师潘天寿，书法大家沙孟海、著名油画家陈逸飞、上海美术馆馆长陈秋草、民国国立艺术专科学校校长杨任、中国著名连环画家贺友直等，所以宁波的确是一座具有深厚文化底蕴的城市。

　　本书撷取了宁波青年画家杨馨的中国画美术作品，从总体上看，具有一定的中国画代表性，如"双喜图"、"平安起居图"、"墨梅图"、"菊花图"、"呦鹿食苹"等，既有元宋时代的传统技法，又有明清时期水墨画的精湛画风，其创作的"企鹅"、"北极熊"等作品，以传统的中国画技法表现了动物造型，传达了时代的画境。

希望美术界更多的艺术表现形式，不只是象牙塔里的学究，而是能更多地面向大众，与实体文化"联姻"，创造出中国悠久文化的许多艺术合作业态，为提升国民艺术修养和综合素质，服务于当代社会。愿《彩墨金融》一书为读者带去美的享受。

是为序。

中国美术家协会会员

浙江省美术家协会副主席

宁波市美术家协会主席

2013年8月

# 自序，写在前面的话

　　1908年中秋，"四明商业储蓄银行"在上海宁波路成立，其英文名为"The Ning-po Commercial and Savings Bank"，这是旧中国主要的商业银行之一，拥有发钞权。12位开山股东均为宁波籍人士，多为上海有名的工商业大亨，如朱葆三、虞洽卿等。自宁波等地"五口通商"以来，"宁波帮"的实力已遍及上海、杭州、武汉等地的工商业，急需获得金融业的支持。创办"四明商业储蓄银行"只是"宁波帮"涉足金融的一段前奏。

　　我的祖父陆卿芗曾是上海四明银行的高管之一，与上海工商金融界的名人时有往来。抗日战争"八一三"淞沪战役后，为寻找依靠（我祖母的胞弟卢时宪时任宁波市警察局长），举家迁往宁波。在我舅公保荐下，父亲陆钟琪进入鄞县县银行。新中国成立后，父亲成为中国人民银行宁波市中心支行的第一代信贷员，母亲仇蔼亭则是中国人民保险公司宁波支公司的创始人之一。

　　我童年居住于宁波市江北岸的外滩，这里是晚清鄞州府指定外国人通商居留的区域。从19世纪50年代到20世纪30年代，这里建造了大批西洋式建筑，现已存世不多。居家向东100米，是英国驻宁波的领事馆旧址，宁波人称"大英宫馆"，建于清光绪六年（公元1880年），院内林木茂密，广玉兰、樟树、水杉等古木参天；向西200米，是浙海关旧址，曾统辖浙江全省进出口关税达50余年，代理关税收付的是红顶商人胡雪岩在宁波设立的通裕银号；此外，教堂、洋行、私人诊所在这一带比比皆是。所以，我自幼有所见闻，并受父辈们的耳濡目染，在记忆中留下了许多旧时宁波金融的故事。

《彩墨金融》一书分四大篇，我坚持学贯古今、放眼世界、植根现实、经世济民的写作立场，通过不同的故事，试图从一个侧面向读者揭示自清末民初以来，无论是在农耕社会还是大数据社会，科技革命的力量和世界文明的共享对社会进步均起了非常重要的作用。不管是企业家还是金融家，如能明察本国与国际产业演进的轨迹，适时切换方向，终将有可能成为时代的骄子。

金融是百业之首，古今中外历来如此。近十年，我有机会服务于宁波市银行业协会，先后担任了个人金融专业委员会和同业合作专业委员会主任，在会员单位的共同努力下，为宁波市经济的健康发展凝聚金融力量。

回顾历史，展望未来，使我萌生了撰写一本结合金融历史和当代金融理念的书，以供青年一代了解历史，认知当代，认清历史上金融业弊端所带来的危害，以史为鉴，为建设享有国际信誉的百年银行、为中国实体经济的强盛而努力！

是为自序。

陆建范

2013年8月

戊子暮秋楊馨畫

# 金融历史故事篇

篇前语：

所谓『以史为鉴』，即让人们读史修心，从历史上曾经出现过的现象，去辨析事物与业态发展的规律，学习先辈优秀的品德，防止曾经出现过的弊害。为此，作者披沙沥金，通过对宁波基础金融史料的梳理，从翔实的资料中，整理撰写了宁波金融历史中那些做诚信之事、做爱国之事、做创新之事、做合作之事的鲜活故事，并借此向读者展示了宁波金融史上曾经的辉煌和所遇到的磨难，尤其是1929年世界经济大萧条给宁波金融业所带来的巨大冲击。

此外，还简单介绍了宁波金融史上著名的建筑及有影响的宁波钱庄业营业规则、宁波钱业公会章程、宁波典当同业公会业规、宁波银楼同业公会业规等宝贵史料。

# 宁波商帮与宁波金融

宁波自唐朝起即为"海上丝绸之路"的起点之一，与扬州、广州并称中国三大对外贸易港，宋朝时又与广州、泉州同列为对外贸易重镇，明朝时成为全球最大的自由贸易口之一，清朝时为全国四大海关所在地（即浙海关），鸦片战争后被辟为五口通商城市。

宁波商人从航海、贸易、工矿实业等拓展到金融业，又从典当、钱庄、银号等旧时金融起步拓展至银行、信托、保险、证券等现代金融业。宁波商帮的兴起和参与在此间起了重要作用。

宁波人善于生意，很早就在全国各地开设金银、药业、绸布、南北货、食品、水产、钟表、五金、化工、颜料等铺号商行。大家耳熟能详的百年老字号，如上海老凤祥银楼、上海宝大祥绸布店、天津物华楼金店、北京同仁堂药店、香港亨得利和亨达利钟表店，以及上海的冯存仁堂、蔡同德堂、童涵春等三大国药号药铺均由宁波人创立和经营。胡雪岩失事后，宁波人开设的钱庄出巨资赎回了杭州胡庆余堂。民国后，宁波人又在上海、武汉、天津、杭州、北京、西安等地投资发展，上海自来水公司、上海华商电车公司、上海中华煤气公司、广州自

一斛珠(局部)

来水公司、汉口利济水电公司等都是由宁波人以及宁波人开设的钱庄出资设立的。早期，宁波人还大量投资沙船业和轮运业。不仅如此，宁波商人还向世界拓展，将生意做到欧洲、美国、东南亚等地。正如孙中山先生所说："凡吾国各埠，莫不有甬人事业，即欧洲各国，亦多甬商足迹，其影响力之大，固可首屈一指者也。"

金融源于商品货币经济。当宁波的实业家收获巨额利润后，更进一步参与金融业，并率先迈出步伐，为中国的金融创新作出了卓越贡献，如建立过账制度和汇划清算办法、在流通中使用银元、以银元为记账本位、按日计算拆借利息等；在组织形式上，从独资、合资到股份公司，聘用经理人，将所有权和经营管理权分开；在金融市场上进行远期交易；扩大商业信用，增加银行资本；开设民族保险公司、信托公司、证券交易所等各种非银行业金融机构。上海女子银行、上海日夜银行以及中国历史上第一位女行长也均由宁波人创设和担任。

据民国24年（1935年）中国银行业年鉴统计，是年全国共计有银行134家，减官办银行后为102家，其合计拥有资本1.17亿元，其中与甬商有关的银行为48家，资本合计达到了0.53亿元，占了当时银行家数的47.1%和银行资本的45.3%；在当年发行的有价证券和银行兑换券中，甬籍银行的发行量分别占了39%和56.1%，所以当时国人称："全国资本集中于上海，上海资本以金融为最，金融资本则以甬人居其先。"这充分反映了当时甬籍银行所处的地位和作用，也反映了甬籍人士稳健的经营作风与良好卓著的信誉。

在中国出现资本主义萌芽的第一阶段，凭借宁波人吃苦耐劳、善于计算、敢于冒险，并能团结同乡、全力以赴的精神，在产业资本与金融资本的结合中，实力强大的宁波商帮逐渐形成，宁波的工商前辈中出现了一批著名的实业家与金融家。其间，在上海、武汉、天津、杭州等城市的钱庄、银行、保险等的同业公会和总商会中，宁波人身居要职。仅上海一地，上海银行同业公会自民国6年（1917年）2月正式成立，一直到民国38年（1949年），共换届14次，除个别情况外，会长、副会长均由宁波人担任，在全部理事、监事中，宁波人占了半数以上。

一斛珠 纸本 50.5cm×137cm

# "信用码头"的缘来

旧时，外地人亦称宁波为"信用码头"，这主要是指宁波人做生意相当有信誉。

首先，钱庄业股东实力雄厚。宁波钱庄业务历来发达，从18世纪中叶清乾隆年间到20世纪初的清朝末年，宁波钱庄大多由富贵家族集团参股投资，如镇海小港李家、慈溪三七市董家、宁波腰带河头秦家等。这些家族拥有庞大的产业基础和巨大的资本，业务范围遍及糖业、棉纱、绸缎、药材、渔业、航运、地产、银楼、南北货等，如宁波人所熟知的四明大药房、升阳泰等都是由他们始创的。民国时期上海有名的"丰"字号房地产公司即天丰、地丰、元丰、黄丰房地产公司也是由他们投资拥有的。这些房地产公司大量开发位于南京路、乌鲁木齐路（原称辟地丰路）、陕西北路（原称李诵芬堂路）等繁华地段的房地产，赚取可观利润。另外，他们还投资黑龙江、辽宁和内蒙古等地的牧场。

其次，钱庄的组织架构比较特殊。合伙人基本是父子、兄弟、叔伯或姻亲等关系，父业子承，代代相传，并几乎是清一色的本籍人。民国30年（1941年）对当时宁波17家钱庄的统计结果显示，455个股东中，本籍人占了98%。为了维护家族集团

临吴昌硕菊石图
纸本　41cm×145cm

的信誉，股东负有无限责任。

历史上，宁波钱庄虽有兴废存亡，但所有存款都能一一厘清，从无吞蚀逃避等情况发生。所以，民间非常乐于将钱存于钱庄，获取利息。光绪二十六年（1900年），宁绍台道致浙江巡抚文中称："溯差数十年来，宁郡钱庄虽间有亏本歇业，他人之欠该庄者，未能按户收足；而该庄之欠他人者，必须扫数全还，绝无吞蚀、逋逃情弊。此不独为本埠商人所深信，且为各处商人所共信。"

宁波商人历来以信为本，交易往来，全凭当事人人格，向有"信用经商"和"信义经商"的传统。不仅钱庄业主恪守信用，其他绝大部分商业经营者也以信誉为重。钱庄素以信用放款为主，既无物保，也无人保，全凭借款人信用，而他业商人也多以把能否从钱庄获得资金融通，作为衡量自己地位、信誉和实力的一个标准。如有商家未带账簿，在交易后仅凭口述，钱庄也会将相关款项先记录到该商号账户，再于事后补记到商号所持有的存折簿内。此类现象在当时十分普遍。由此看来，宁波地区金融生态环境良好有其历史基础。

宁波的信用文化不仅在本埠盛行，在全国其他城市同样流传着甬人诚信的故事。20世纪30年代的上海，由于时局动荡，资金不是很雄厚的四明银行出现挤兑风潮，但所有由宁波人经营的商铺同时挂牌告示"代兑四明银行钞票"，以此来稳定民心和分担金融风险。就在鲁迅先生常常光顾的内山书店，老板对营业款中的四明银行钞票表示担忧，但宁波籍的伙计当场表示，愿意用自己的现钱兑换店里的四明银行钞票。在我们今天看来，当初沪上甬人正创造着商业文化中最重要的交易法则——诚信，这条经商的黄金法则加上宁波人固有的勤俭、精明和吃苦的精神，终于成就了一代"宁波帮"的发展与壮大。

临吴昌硕菊石图（局部）

# "过账制"——支付宝的开山鼻祖

时下，阿里的支付宝叱咤中国的清算市场，用户接近8亿，日交易峰值超200亿元，最高日交易笔数达1.05亿笔，震惊世界。我们不能不感叹现代信息革命的巨大威力。然而，人们没有想到的是，这种清算原理的首创者竟是宁波钱庄业的先辈。他们研究发明了一种叫"过账制"的清算办法，这其中就包含由存折、借记卡等构成的"支付宝"。

《鄞县通志·食货志》载："不以钱币受授，仅登簿录，以了结其收付。"这在当时是一个巨大的进步。"过账制"的起始时间可追溯到19世纪初，与世界上最早的银行意大利的佛罗伦萨银行、威尼斯银行相近。如果说中国金融也有"四大发明"的话，"过账制"一定能算做其中一个。

要想了解"过账制"所产生的历史意义，首先得了解当时社会流通货币的状况。自宋迁都临安（今杭州市）后，各国使节赴临安一般是从宁波港入境，由此带来了宁波进一步地开放，通商贸易日趋繁荣。到清乾隆、嘉庆后，宁波一举成为国际海运和长江一带的水运枢纽，巨额的商品交易带来了频繁的资金收付。

长期以来，封建社会银、钱并用，大数用银，小数用钱，市面上白银、银元、钱、钱票混夹使用。因一枚钱的价值微小，一般以千枚合计为"一贯"，折合白银一两，而钱、银成色不同，兑换比例经常变动，计算复杂。各钱庄的"栈司"（运送现金、投递信单者）一般于每天中午12点至下午2点肩扛大布袋或用竹箩挑着各种钱币、银锭、银元奔赴于各钱庄之间进行清算交割，既麻烦又危险。面对贸易量大而钱币价值小的矛盾，宁波市面急需银锭、银元，而旧中国的产银地主要集中于云南与贵州，路途遥远，运输极为不便。为此，钱庄与钱庄之间的经济往来和交易收付不再采用银锭、银元等实物交换方式，而通过转划方式进行，由此渐渐创造出了一种完善的"过账制"清算办法。

钱庄过账的对象包括商家和个人的一切公私款项。在区域范围上，不仅包括市区也包括各县所属乡镇，而且如果客户在上海、杭州、绍兴、金华、温州等地，同样可以委托钱庄办理代收代付。过账有大、小钱庄之分，小钱庄必须通过大钱庄办理，这与现在大银行代理小银行签发银行承兑汇票和代理国际业务道理一样。小钱庄一般各找两家"大同行"即大钱庄代理，名曰"认家"，大钱庄又叫"家头"。每天下午小钱庄将应过账款登录完毕后，将过账簿送至代理"家头"，由"家头"统一办理过账。过账之所以仅限于大钱庄之间进行，主要是因为大钱庄实力雄厚、资信良好、经营作风稳健，也由于钱庄家数众多。宁波钱庄总数鼎盛时期超过160家，如果彼此均直接过账，手续将不胜其烦，又势必带来混乱。

各往来客户向钱庄交款、支款和划账时，应随身携带账簿

呦鹿食草（局部）

折，该账折一般为蓝色绸布封面，长约18厘米，宽约12厘米，每本100页。

过账的方法一般有四种：簿册过账、经折过账、庄票过账、信札过账。

簿册过账，相当于现在的活期存折。当交易往来发生时彼此分别通知开户钱庄，在付款人过账簿上写明日期和过入钱庄的庄名、收款人姓名和金额。如果出账不止一笔，则依次记账并将图章盖在最后一笔账上，然后送往开户钱庄划归收款人。收款人也在自己的过账簿上记录日期、过出钱庄庄名、付款人和金额，因为是款项收入，所以不用加盖图章。双方开户钱庄各自收到客户送来的过账簿后，分别记录收付流水账，并各自过入、过出，以对方钱庄为单位逐笔抄录清单，等到第二天一早，由过入钱庄到过出钱庄核对，如核对无误，过账即告完毕，款项就此转移。在过账过程中把付出记在上栏，收入记在下栏，先支后收合乎借贷原理。虽然世界范围内的借贷学理论创立较早，但"先借后贷"的记账原理其实应该是由宁波人的"过账制"所创造的。

经折过账，原理类似于现时的借记卡。钱庄经折与现在的银行存折不同，它不分页码，用长条纸正反折叠起来，只在折心的首页有一个客户记号。这样做，概为防止遗失，被人蒙混冒领。使用经折不能透支，只能是存款户。经折过账和过账簿过账，方法各异，功能不同而效果一样。收款人申请过账时，由钱庄先记入暂草簿，同对方钱庄核对收妥后才补登存折。

庄票过账，类似于现在的银行承兑汇票。庄票有别于钱票，是钱庄发给客户的支款凭证，兼具银行支票和银行承兑汇票两种功能。庄票设计为右联、中联和左联三联。右联为存根，由发票人收藏；中联为票身，书写金额、日期、庄名，加盖发票人章；左联记载事项，成为票根，连同票身一起，交给

呦鹿食苹 绢本 68cm×195cm

收款人。收款人持该票向钱庄承兑，如果出票人在票身上批注"某月某日照付"字样，则实现了一种赊销承兑的清算。付款的时间，一般为10~15天，利用钱庄信用保证到期付款；如果票身上批注"即过"字样，则代表在1~5天时间内办理过账手续；如果票身上批注"即即过"字样，则代表一般2天内办理完过账。由于是钱庄出具了信用担保，所以它对客户的存款和透支额是有限度的，为防止信用膨胀，钱庄务必掌握客户情况，统筹安排资金。

信札过账，即客户信函过账，相当于现代的电子银行，不受空间限制，只要客户有命令，想付就付。信函、电报、电话和网络只是一种工具而已。当时，凡是同钱庄往来的外地客商，只要写一封信向钱庄申明即可。信的内容十分简明，仅有金额、收款人姓名和日期。

综上所述，约一个半世纪前由宁波金融业先辈们渐渐创立起来的"过账制"，以商品交易的不同类型为需求，创造了类似于当今银行的活期存折、借记卡、支票、承兑汇票、电子银行等不同类型的清算工具原型。此举促进了中国近代商品经济的发展，为现代银行业的形成打下了厚重的基础，实在令人惊叹！

"过账制"的产生，实际上将钱庄的信用脱离了相对应的金属货币，以"账"代"币"，其好处是能放大信用，多做生意，但风险也正在这里，往往一家出现毛病，就如同多米诺骨牌，引起系统性金融风险。

# 宁波钱业会馆——全国重点文物保护单位

宁波钱业会馆

同治三年（1864年），宁波已出现钱业同业组织，称钱业会商处，常在江厦街中心的滨江庙集会议事。滨江庙建于1183年，又称"滨江侯庙"，为纪念北宋名人晁景遇害而建，爱国诗人陆游曾为该庙做记。太平军进入宁波时被毁于兵火，次年重建。后因业务扩大，于民国12年（1923年）选址姚江边上的战船街地基重造，即现在的宁波钱业会馆。老会馆滨江庙移作宁波市公安局第一分局第一派出所。

　　1923年，由敦裕等61家大小钱庄发起，募款89 771.54银元（当时宁波城乡居民每月生活费约4银元，1 000银元可买1辆顶级进口轿车，10 000银元可办中等规模印染厂），在宁波战船街原"平津会"屋基，征地3 208.56平方米，再建同业会馆，并于民国14年（1925年）建成。会馆的建筑风格为亭台楼阁、园林中西合璧式造型，别具特色，由前后二进组成。前进廊舍环绕，两旁石刻、碑记，出于著名文人、书法家之手。中有戏台，楼上供奉财神像，楼下做钱市交易。后进濒临姚江，环境幽雅，水陆交通方便，设立议事厅，是宁波市金融业最高的决策场所，其决策对整个宁波经济运行和有关社会活动有着巨大影响。

　　建成后的钱庄业公会章程规定，60多家钱庄只能推选15名委员，其中常委5名，两年改选，半数不得连任。宁波钱业会馆的金融文化曾对民国时期上海、天津、武汉等金融集散地产生过一定的影响。

　　1994年9月，宁波钱币博物馆在钱业会馆原址建成，成为全国展品门类最为齐全的专业性钱币博物馆之一，陈列着从贝、布、刀、环到大清银洋的各类历史钱币1 999枚，展品包括货币

兆载永劫 系列二 绢本 25.5cm×39cm

的起源、铢两钱、通宝钱、港城通用的邻国货币、浙东抗币五大部分，上溯4 000年前的商周，下涉民国抗战时期，对于宣传金融历史、弘扬货币文化具有重要意义。

2006年5月，宁波钱业会馆被国务院公布为"第六批全国重点文物保护单位"，现已成为宁波市重要的旅游景点。2010年7月24日，接待了来自联合国开发计划署、联合国世界教科文组织、联合国世界卫生组织、世界银行等联合国28个机构的40余位官员，他们相坐于议事厅，聆听专家对宁波金融和钱业会馆历史的讲解，深感惊讶，高度评价宁波钱庄业对世界货币金融文化的贡献。

坐落于当今宁波和义大道的宁波钱业会馆，见证了宁波金融业的发展历史和金融创业者的诚信合作文化。

# 宁波老外滩　银行一条街

　　宁波老外滩位于宁波市三江口的江北一侧，是进入宁波古城的门户。老外滩于1844年开埠，比上海外滩还早20年，是国内目前仅存的具有百年以上历史的外滩之一。

　　1842年鸦片战争后，清政府签订了丧权辱国的《南京条约》，将宁波列为五口通商口岸之一，各国商人遂纷至沓来，建立据点，霸占海关，控制港口，垄断航运，推行洋务，江北岸成了英、法、美三国侨民聚居地，也成了国内最早的"租界"之一。西方的教堂、医院、洋行、电报房、银行以及电灯、自鸣钟、脚踏车等首先在这里出现，老外滩成了宁波最早集中体现西方工业文明的场所。

　　老外滩有几条主街：外马路、中马路、后马路、扬善路。其中，外马路面临三江口，地段最好，一些权势机构纷纷在此建楼兴业，如英国驻宁波领事馆、巡捕房、浙海关、天主教堂、太古洋行、美孚火油行、东方轮船公司等，但是建得最多的还是银行。中央银行宁波分行位于外马路67号，中国通商银行宁波分行位于外马路23号，市民商业储蓄银行宁波分行位于外马路17号，中国银行宁波支行位于外马路41号。此外，交通银行宁波分行、中国农民银行宁波支行、浙江省银行宁波分行、邮政储金汇业局宁波办事处、中国垦业银行宁波分行、中国实业银行宁波分行、宁波实业银行等也在外滩附近江厦街一带设立。

老外滩见证了宁波银行业乃至中国银行业的历史。宁波当地的银行业务最先是由设在上海的外国银行委托设在宁波的一些洋行代理的，如1865年汇丰银行委托在宁波的沙逊洋行开设代表处代理相关业务，主要是做汇兑和保险，尤其是航运保险。中国人创设的第一家民族资本银行——中国通商银行于1897年在上海成立，1908年四明商业储蓄银行在上海成立，第

仿任伯年册页（局部）

中国通商银行宁波分行金库保管箱（建于1936年）

二年在宁波设立分行，这是在宁波出现的第一家新式银行。1921年中国通商银行在宁波设立分行，并于1936年6月28日迁入外马路23号新大楼，这是当时浙东地区最雄伟、耗资最多的一座建筑，由德国著名的西门子公司负责设计建造（同年宁波的灵桥通车，也是西门子公司的杰作）。大楼举行了隆重的揭幕仪式，时任中国通商银行董事长的杜月笙主持仪式，常务董事傅筱庵、徐圣禅及旅沪宁波籍著名人士王晓籁、俞佐庭、金廷荪等专程前来致贺。

屹立于甬江边上的通商银行大厦，在宁波近代金融历史上具有举足轻重的地位，见证过许多重大的事件。笔者只选取其中的"横滨正金银行与金库"事件，揭秘史料真相，以飨读者。

通商银行大厦建成后一年，抗日战争爆发，日寇于1937年8月13日进攻上海，后又进犯宁波。由于宁波是蒋介石的故乡，宁波防务区（含舟山、台州等浙江沿海）与上海防务区属同等军区级别，防务力量特别强大，日军久攻不克。为此，通商银行总行曾一度迁入宁波通商银行大楼办公。1941年4月20日，宁波沦陷，通商银行总行内迁，日军占领通商银行行址，大厦被日本横滨正金银行（日本外汇银行）霸占，成立了所谓的"宁波出张所"（即分行）。

通商银行大厦内有一个当时浙东地区最坚固、最先进的金库，包含可承租的保险箱。金库设计的抗震能力达八级以上，就算整栋大楼都损毁，金库也将始终保持完整，坚固程度可想而知。

　　当时承租保险箱的大多是来自于宁波、舟山、台州以及上海等地的达官显贵、华侨富商，里面寄存着各种金银财宝、字画古董、地契权证等。对此，日本人虎视眈眈、觊觎已久，在宁波被占领的四年半里几次从日本遣派高级技师意欲打开库门，窃取库内财宝。因西门子设计的库门结构十分复杂，材料异常坚固，以当时日本人的技术根本无法开启。日本人怕败坏横滨正金银行在国际上的声誉，又不敢明目张胆地用炸药炸开库门，而且即便炸开了，金库内的财宝也会随之损毁，所以日本人的盗库阴谋最终未能得逞。

　　1945年8月，抗日战争胜利，中国通商银行宁波分行迁回原址。1946年6月初，该行登报通告保险箱原租户，从6月10日起随带原留印鉴、开箱钥匙及保管收据前来登记，于6月15日起办理开箱业务，提取箱内物品和交付租金。此事成为当时宁波街头巷尾议论的热门话题，人们纷纷感叹："德国金库就是牢靠！""通商银行信誉介好！"①

　　新中国成立后，几乎所有主要的宁波金融机构，如中国人民银行宁波市中心支行、中国工商银行宁波市分行、中国农业银行宁波市分行、中国银行宁波市分行、中国人民保险公司宁波市分公司等，都在这座通商银行大厦中成立。该大厦现为中国工商银行宁波市分行私人银行所在地。

　　注：①宁波方言。

仿任伯年册页　绢本 30cm×45cm

# 钱庄的泡沫游戏——自掘坟墓

　　钱庄与钱庄之间，也开展同业业务合作。早前这种合作表现为相互送交现金，一般由付出的钱庄派栈司送款上门。这种由付出钱庄送款上门的做法，要比收款钱庄上付款钱庄收款更为安全方便，同时付款钱庄也主动承担了送款的风险，在当时的情境下体现了钱庄之间相互合作的主动精神。

　　同业之间的款项拆借一般是由拆出或拆入钱庄开出本钱庄的庄票，在钱业市场寻求合作机会，当了解到有某钱庄需要拆入或拆出时，就派员上门接洽。银根紧缩时一般由"缺单"钱庄主动，银根宽松时则由"多单"钱庄主动，拆借期限一般为3~5天，后来缩短至1~2天，到期后各自解交现金，偿还本息。过账制度实行后，各行各业的资金收付从使用现金改为通过钱庄转账，现金使用大为减少。钱庄同业往来中，各自提解现金和随时签发拆票的办法已经不能适应业务发展的需求。当改为相互签发公单，集中在钱业公所统一进行清算时，就出现了类似于现代人民银行清算中心的雏形。

　　钱庄同业之间用于冲销彼此收付款项的单据称为"公单"，是钱庄业内部的清算凭证，它载明金额、日期、收款钱庄，加盖签发钱庄的印鉴。对各钱庄来说，有发出也有收入，欠人发出公单，人欠收进公单，至晚在钱业公所集中清算，清算起点金额原定500元，后提高到5 000元。每天由两家大钱庄负责处理汇划清算事务，称为"司日"。清算中按所有公单签发钱庄的分类记录各自钱庄的付出方，其中收大于支的为"多单钱庄"，支大于收的为"缺单钱庄"，缺单钱庄必须在当天补足差额，其资金通过拆借或以现金方式填补，拆借利率按同业拆借的日拆利率计算。钱庄之间拆借频繁，因所有公单的借贷双方必须持平，缺单钱庄在弥补差额时不愁没有资金着落。当时钱庄业明文规定"多余者或行拆出或收现，应听其便，缺家毋得强拆"，但是在正常情况下，因拆借时间只是一天而已，所以多单钱庄也就顺其自然，任凭拆借，由此助长了一部分缺单钱庄的依赖性，埋下了危机的伏笔。

本来，钱庄资金来源与运用此消彼长，同业之间相互调剂非常正常，但钱庄与钱庄之间存在经营作风和资金实力上的不同。一部分钱庄作风稳健，资金充裕，平时回旋余地大，在同客户往来时，能临时给予缺单钱庄融通，由此就产生了同业存款业务。而另一部分钱庄，由于贪图收入，在自身资金实力不足的情况下，利用同业拆借的存款，过多地发放贷款，扩大信用。日积月累，逐渐有了多单钱庄和缺单钱庄之分，两者之间的矛盾日渐加深。当市场银根紧缩时，尤其是社会动荡、经济形势发生变化时，多单钱庄怀有戒心不肯拆出，缺单钱庄就无法弥补差额，从而引发缺单钱庄的倒闭。因钱庄与钱庄之间均有各种复杂的参股关系、客户关系、业务关系等，当缺单钱庄欠单金额甚巨倒闭后，也同时引发关联钱庄的倒闭，从而出现了局部性或系统性金融危机。

1935年7月，在资本主义世界经济危机的影响下，上海等地工商企业大批倒闭。因宁波钱业余款多有贷放上海等各大城市，宁波钱庄的信用就此受到影响，存户纷纷提款，金融风潮发生。在宁波，特别是赵家、严家两大资本集团，由于事业扩张得太快，力量不足，他们所开设的钱庄，经常出现缺单，影响信誉，同业不肯再拆单子，由此引发矛盾。钱庄内部的客户经理看到本钱庄"缺单"有风险，也把他们拉来的存款转移到别的钱庄，导致缺单越来越多，捉襟见肘，应付困难，各股·东一时又不能筹集大量钱款。消息外传，提存之风加剧。先从信源钱庄开始，因缺单无法轧平而倒闭，继则波及所有"源"字号钱庄，如五源、衍源、永源、泰源，于是造成连锁反应，宁波所有的钱庄都受到了影响。

为此，钱业公会在民国24年（1935年）宁波金融风潮出现后，对同业拆借进行了如下规定："同业拆借系维持金融流通，实无图利可言，设有同行不测之事，应先将银洋、期票提出作抵。如有来款，提早归还，有优先权，与普通债务特别办理。同行单子一多一缺，针空相对，多者必须逐日拆通，预为安排，以合龙门，不得有意倾轧；缺者亦宜自爱，不得滥抛。凡遇多缺不能拆通，因而发生争执时，由本公会召开委员会共同评议，议决后双方均须遵守。"

由此看来，自古有了金融业务就有金融同业合作，如果能保持健康稳健的经营思想，对金融机构的整体发展具有非常重要的作用，然而当部分金融机构私利熏心，投机取巧，信用无度，大量制造泡沫时，不仅制造泡沫的金融机构自身终将成为泡沫，而且大量泡沫还将淹没其他金融机构，给整个金融行业带来极为深重的灾难。

# 惊动蒋介石的宁波金融危机

　　1935年，宁波发生了举国震惊的金融危机，这是宁波金融业长期以来所积累矛盾的集中爆发。为了让读者了解经济金融危机的危害，我们先来简要回顾一下世界上两次重要的经济金融危机。

　　经济金融危机是社会经济发展过程中周期性爆发的生产相对过剩的危机，表现为商品滞销，利润减少，生产（主要是工业生产）急剧减少，失业大量增加，企业因开工不足大批倒闭，生产力和产品遭到严重的破坏和损失，社会经济陷入瘫痪、混乱和倒退状态，在货币、金融危机方面表现得尤为突出。

　　**1857年的世界经济危机。**这是在资本主义历史上第一次具有世界性特点的普遍生产过剩危机。1848~1858年，英国对美国铁路建设进行了大量的投资，美国建成的铁路约达33 000公里，超过了其他国家所建铁路的总和。美国铁路事业的蓬勃发展，按理应带动其冶金业、建材业、机车业的大发展，然而，实际情况却不是这样，这一时期，美国生铁产量长期停滞不前，纺织业的增长速度也不快。与此同时，铁轨、生铁、机车、棉布和其他英国制成品的进口却增长得十分迅速，英国产品充斥美国市场，阻碍了美国冶金业和纺织业等当时重要工业

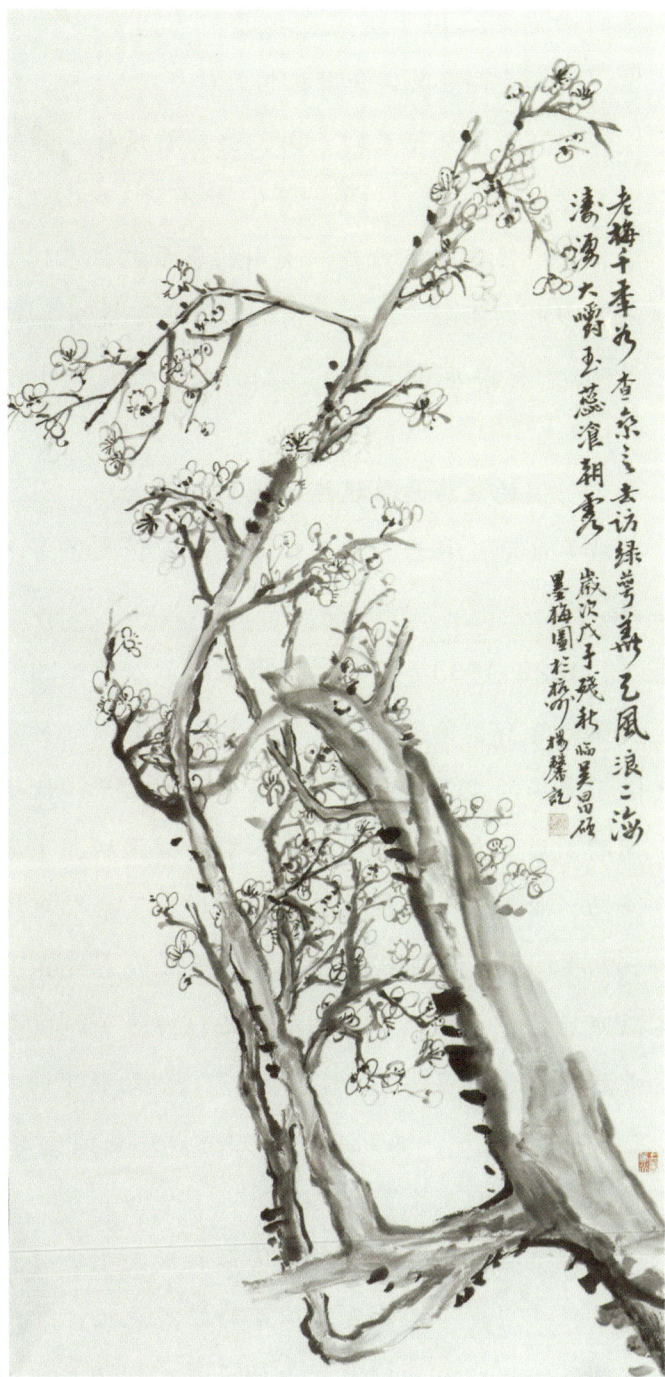

老梅千季为杏柰之去访绿萼舞
玉风浪二海涛湯大嚼玉蕊滄朝雲

歲次戊子殘秋临吴昌碩
墨梅圖於揚蘑記

临吴昌硕墨梅图
纸本　70cm×140cm

部门的发展。由于英国金融界对美国铁路投资未得到预期收益，引发了部分英国金融机构的破产。

1857年危机传染到美国，美国的银行、金融公司和工业企业大量倒闭。仅1857年一年，就有近5 000家企业破产。到秋季，整个银行系统瘫痪。美国的货币危机在10月中旬达到了顶点，当时纽约63家银行中有62家停止了支付，贴现率竟然超过了60%，股票市值下跌了20%~50%，铁路公司的股票跌幅达到80%以上。

美国的经济危机迅速蔓延到欧洲大陆，引发了一阵又一阵的破产浪潮，社会矛盾积聚，之后便爆发了著名的美国南北战争。

**1929~1933年的世界经济危机**。20世纪20年代，美国经济繁荣的背后，隐藏着严重的危机。当时分期付款和银行信贷刺激了市场的虚假繁荣，企业盲目扩大生产，使得生产和销售之间的矛盾日益尖锐。同时，人们醉心于利润丰厚的股票等投机活动，股价被大幅度哄抬，大大增加了金融市场的不稳定性。1929年10月，纽约华尔街股票市场形势急转直下，股价狂跌，股市崩溃，人们疯狂地在一天之内抛售了1 600多万股，一些主要股票的价格下跌了40%。到11月，纽约股市的各种股票损失多达260多亿美元。据统计，1933年初，美国已经有半数银行倒闭，完全失业人数达到1 600万人。

因美国经济对其他发达国家和世界市场有着极其重要的影响，很快引发了其他发达国家的经济危机，进而影响世界其他各国，演变成一场空前规模的世界性经济危机。1930年，严重依赖美国资本的德国发生经济危机。接着，英国、日本等国经济出现了严重的衰退。1932年，法国经济也开始萧条。各国不得不相继宣布放弃金本位。1929~1933年，整个世界发达国家的工业生产下降了1/3以上，贸易额减少了2/3。其中，美国和德国的受破坏程度最大。美国的进出口额下降了70%，美国、英国、法国、德国共有30万家企业倒闭，资本主义世界的失业工人竟达到3 000万人以上。

1929~1933年的经济危机，对各国的社会稳定产生了巨大影响，加深了各国本已严重的社会予盾，政坛丑闻不断，政府信誉扫地，民众强烈要求改善生活，游行和罢工兴起。法西斯利用人们对现状的不满，兴风作浪，终于爆发了惨烈的第二次世界大战。

当世界经济危机（大萧条）的多米诺骨牌压向中国的时候，时间已到1935年3月。美国经济危机爆发近五年才传到中国是有原因的。首先，当时的中国属于农耕社会，工业化水平很低，危机首先在发达的工业国之间传染，然后蔓延至相对落后的国家和地区。其次，经济危机是生产相对过剩的危机，国外资本家选择人口众多、工业欠发达国家作为其过剩产品的倾销地，用尽一切所能大力推销极为廉价的大米、小麦、棉花、香烟、罐头、洋布、洋纱、煤油和火柴等商品。这些商品的涌入，极大地破坏了中国农村传统的自给自足经济体系，也严重打击了中国民族制造业的发展。在农村，农民既没有钱购买洋货，又不能将自己生产的农副产品出售给民族工业；在城市，市民因民族工业受打压而失业，也买不起洋货。这就造成代理

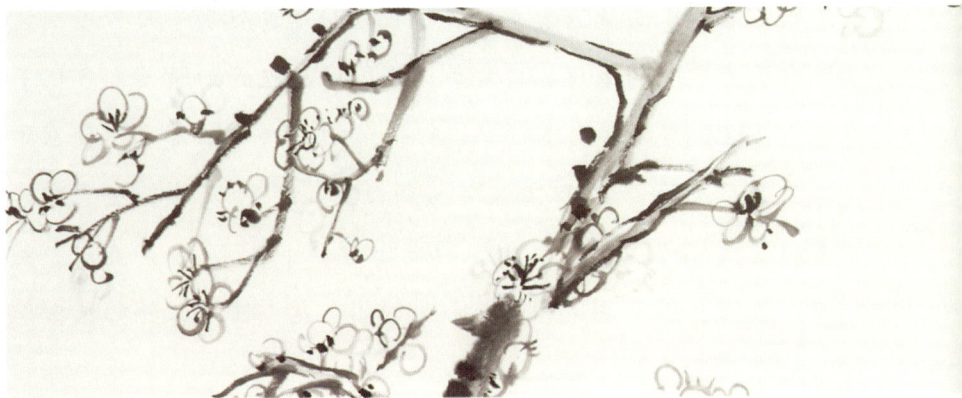

临吴昌硕墨梅图（局部）

销售洋货的供应商与民族工业的制造商都受到了打击，资金链断裂，无法周转，引爆危机。经济危机首先在上海爆发，然后传染到武汉。7月，武汉有一家"源裕钱庄"突然宣布倒闭，亏损高达180万元。因该钱庄股份主要为甬商严祥琯所持有，消息便在宁波坊间迅速传开。宁波普通储户一般在信源、泰源、永源、五源四大钱庄内存款，因该四大钱庄均有严祥琯的股份，所以百姓蜂拥而至提款。宁波金融历史上从未有过的金融危机风暴由此拉开帷幕。短短几天，宁波当时的大钱庄泰涵、汇源、余丰等11家，小钱庄宝源、元成、丰大等11家，还有兑换庄5家，总计27家倒闭，约占当时所有钱庄、兑换庄总数的50%，没倒闭的钱庄也岌岌可危。霎时，全城工商业陷入瘫痪，震动全国，蒋介石急电浙江省政府主席黄绍竑，责令宁波行署和鄞县政府速呈危机成因调查报告并从速安排救济事项，然而已无济于事！曾经繁荣了近一个世纪、在全国建立了良好信誉的宁波钱庄业从此一蹶不振，走向衰败，最终被现代银行业替代。

创造了著名"过账制"的宁波钱庄业，经过100多年的发展，曾是全市经济的枢纽、统率百业的血脉，但当世界经济危机的洪水浸漫中国之时，也难以逃脱被颠覆的命运。冰冻三尺，非一日之寒。世界经济危机只是一根导火线，宁波钱庄业长期积累的深层次弊端才是导致该行业全线崩溃的主要原因。

根据当时宁波报纸的史料记载，有评论认为，钱庄业倒闭的主要原因是资本金不足，法人治理结构不完整；经济萧条，出现坏账，贷款难以收回；钱庄过多，鱼目混珠，良莠不齐；受上海金融风潮的影响；没有准备金存款机制；新兴的银行业兴起；员工通风报信，加速挤兑风潮；社会人心浮动，信用环境遭受破坏；存款结构中定期存款占比过少等。

但也有专家对此提出了不同看法，进一步致评认为，对于

"没有准备金存款机制"之说，上海有存款准备金机制，但是也未能抵抗金融危机的冲击，当时上海多采用将"地产期票"作为存款准备金的做法，但危机时期，民众要的是现金而非期票；对于"新兴的银行业兴起"之说，当时的钱庄业是金融服务的主体，在存、放、兑等多种业务上新兴银行无法与钱庄业抗衡，中国通商银行、交通银行成立之初能做的也就是发行一些货币；对于"员工通风报信，加速挤兑风潮"之说，员工以钱庄为生活的唯一来源，爱庄如家，若不是钱庄无法维持，濒临倒闭，是绝不会自掘坟墓的；对于"存款结构中定期存款占比过少"之说，上海钱庄业多以高利为诱饵向民众吸收定期存款，但危机来临时照样倒闭，宁波的钱庄业接受定期存款的钱庄也不少，但是危机爆发时，储户自愿放弃定期存款利息只求其本金，钱庄无法拒绝此类客户，主要是现金不足引发倒闭；对于"社会人心浮动，信用环境遭受破坏"之说，从表面看，大家认为是由于储户的挤兑造成了金融危机的产生，但是要知道，这些钱为储户辛苦所积，人人都想将钱存放于安全的地方，一旦认为存钱之地的安全性可疑，储户岂能坐视不管？

那么，引起钱庄业系统性倒闭的核心原因究竟是什么呢？当时，宁波著名经济评论家雪蓉氏发表了《宁波钱庄业之检视与展望》一文，指出钱庄倒闭的原因归根结底有四个：一是商业道德受破坏，二是钱庄业缺乏人才，三是流动性现金准备不足，四是经营理念出现偏差。

雪蓉氏认为，当时的商业道德已经败坏至极，同业之间为谋取利益，极自私自利与嫉视之能事。钱庄业"傍大户"现象严重，对大企业一味迁就，明知存在某些信用缺失，各钱庄间不仅秘而不告，还竞相贷放巨款，最终使该企业信用无度，滥于投资，如著名的德和糖行、立丰面粉厂的倒闭就是典型例子。此外，根据投资人的查账，大多数钱庄的倒闭多是因为经营者不负责任，出现严重亏损，并且挥霍无度致使钱庄人心涣散，不可维持，诚所谓"物必自腐而后虫生"。

钱庄人才缺乏，钱庄店员大多目光短浅，只知墨守成规，没有创新精神，平时优游岁月，毫不努力，一旦风潮来临，手足无措。虽然也有少数杰出人才，但是限于职位也孤掌难鸣。

至于现金不足，是因为宁波历来以"信用码头"自居，所以长期以来，宁波钱庄业采取的是"过账制"清算交易办法，各钱庄一般很少备有现金，平时如有需要，则通过市场交易购入。但这次风潮爆发后，储户大多是大额提现，致使钱庄措手不及，且各钱庄为自保信誉只收不拆，由此形成恶性循环。

在经营理念上，过往宁波钱庄放款大多以信用为主，殊不知世风日下，信用已不再可靠。在缺乏担保办法和担保种类的情形下，却坚持信用放款的旧理念，最终危机来临，企业倒闭，大量贷款付诸东流，可谓血的教训，深刻沉痛。

# 典当，为缓和社会矛盾功不可没

仿溪凫图 纸本 28cm×37cm

典当也称当铺，是中国旧时收取押物，进行放款的信用行业，以贫民、小生产者为主要对象，运用货币资本，生息图利。早在隋唐时期，宁波就已设立典当，历经宋、元、明、清，久盛不衰，是宁波金融业的鼻祖，对社会经济和民众生活具有一定的调剂作用，但以穷为邻，实为公开坐庄的高利贷机构，因有"若要富，开当铺"之说。早期，除自有资本外，一些社会团体、宗教慈善机构和富有者多将资金投向典当，以钱生钱。当时，不称典当，而叫质库，其所发的当票，信用良好，流通广泛，受到社会欢迎，当票往往被作为通兑货单反复转让，买卖于市场。钱庄业兴起后，金融虽以钱庄为中坚，然因往来对象各有侧重，各得其所，典当仍居相当地位，彼此依附烘托，互为补充，关系密切，同为百业之首，直到民国初期，仍鼎盛不衰。宁波历届商会主委中不乏典当业人士，由此可见其社会地位。

　　人们对典当的印象是高墙厚门，柜台过顶，开典当的多为官僚豪绅、巨富显贵，在社会上拥有一定的势力，似乎典当就是欺压贫苦大众的金融工具。其实，这种描述并不完整。清康熙年间（1662~1723年）为缓和社会矛盾，鼓励有钱人开设典当，由户部颁布《则例》，每当缴纳税银二两半至五两不等，税收特轻，并长期保持极低税率。朝庭认为"路绝无君子，饥寒起盗心"，若想使社会平安，就应该让黎民百姓在最困难的时候有获得资金融通的机会，以渡难关。当铺在客观上起到了"辅佐当局，安定社会秩序"的功效。

　　早期的典当业利率稳定在月息一分半至二分，即每1000元月息15~20元，另收栈租、挂失、存箱等费，存箱费约为当价的1%，挂失费也为1%左右，利息以月为单位，不足一个月或超过一个月的零星天数按一个月计算。但是各朝政府对典当业的利率及手续费多有管制，以减轻押当人的负担。如1899年，鄞县政府告示："查本邑典铺、质户人等一体知悉，嗣后当赎取息务各遵照定章，总以对月计算，倘过斯一日，须加付一月之利，伺赌者亦须付一月之利。凡挂失票，只准照当本每千取钱十文，以资伙友津贴，毋得另行苛索。"1930年浙江省典当业规则规定，当息以长年20%为标准，并一律取消存箱费、仓储费等各种手续费。

"十八不来娶，二十要赖亲"，这是旧时宁波典当业的一句谚语，意思是说到了18个月还没有来赎回的话，超过20个月就变成绝当了，因为当时典当业规通常将最长当期定为18个月。

典当行业是一个相对完整的产业链，有其自身的流通体系。当时典当对当物做价因物而异，并随不同季节有所调整，衣服、钟表等一般为原值的30%~40%。满当未取之物，通过招商或拍卖进行出售，通常出售给"提庄业"。1940年以前，宁波市有提庄行10多家，衣庄行20多家。"提庄业"专门负责拍卖、销售处理绝当物品，一般每年春季召开一次行业会议，商议本年主要绝当物品的价格行情，通常按典当行账面当价增加20%~30%的价格从典当行收货，然后再分别销售给各行各业予以寄卖。对于金银珠宝、铜、锡等贵重物品，典当行也通过银楼、珠宝商和铜锡行等直接销售。

# 石库门银楼中的"小黄鱼"

  近代中国,纷乱频仍,经济滞胀。小小的家庭扁舟在社会的动荡之下难寻安身之处,而黄金的保值价值也得以全然体现。那"小黄鱼"与"金元宝"见证了多少悲欢离合的人间真情,又增添了几多"随经离乱还相聚"的信心和勇气。

  历史上,黄金及贵金属的销售、收兑、成色鉴定和加工一般都由银楼业来承担,而银楼业与典当、钱庄、银行有着千丝万缕的联系,为此我们有必要回顾历史上宁波银楼业的繁荣与沉沦,从中获知币制改革、物价起伏与民众藏金的关系。

  据报道,2012年全国知名的老凤祥银楼营业额高达250亿元,位居全国金饰品行业前列。老凤祥银楼起源于20世纪初的宁波。据历史记载,1947年按资本额排名,宁波的六大银楼分别是:方九霞银楼2 410万元、凤宝银楼2 000万元、老凤祥银楼1 800万元、方聚元银楼1 650万元、方紫金银楼1 600万元、老庆和银楼1 100万元。此外,另有大小银楼41家,足以反映出当年宁波市银楼业的繁荣。

  相传宁波市银楼业极盛时期,在海曙区后市巷街一带曾鳞次栉比地聚集了上百家的金银铺,且又称金店、赤金铺、金银珠宝铺,店铺金字招牌甚为壮观,以此招徕顾客;房屋建筑高

仿寒雀图(局部）

大坚固，几家历史悠久的老银楼都是石库门面。民国7年（1918年）9月17日开张的天宝成银楼设于市中心东门口，为六开间四层楼全石门面，以此提高声望，展示实力。

宁波银楼受通商贸易口岸的影响，交易频繁，数量巨大。各路商贾携各种银两来甬抵偿货款，银楼多有参与。银楼制作金元宝、银元宝、"大黄鱼"、"小黄鱼"以及各种金银饰品的生金银原料，如金叶、金沙和金块直接从国外购入，并实行自由买卖和兑换；上海兴起形成黄金市场后，转由向上海购入。当时，宁波市场上的黄金买卖以市秤50两（16两=1斤=500克）为单位，称为"一平"，"一平"黄金分为5条，每条10两（约312.5克），称为"大黄鱼"，"小黄鱼"每条一两（约31.25克）。民国期间因战乱纷繁，币值不稳，上海、宁波的部分单位年末发金条"小黄鱼"作为奖金，职工回家一边吃年夜饭，一边手掂金条"小黄鱼"，这可是全家一年中最幸福的时刻！

银楼除了金条、金元宝生意以外，主要还是做金银饰品的生意，如戒指、银耳环、项圈、银锁片、金银镯子等。中国旧制婚姻多以金饰为前提，因此形成了金银饰物的刚需市场。据记载，民国21年（1933年）宁波市银楼制作的各类金银饰品超过60万件。宁波市银楼制造的金银饰品做工精良、雕刻精美、名扬四方，曾参加过海参崴、新加坡、马来西亚等地的国际博览会，深受海内外消费者的推崇。

俗话说"盛世藏宝，乱世藏金"，宁波银楼业的几起几伏与时局变幻有着密切的关系。民国24年（1935年），国民政府

仿寒雀图 绢本 25cm×101cm

实行法币政策，禁止银元流通，白银收归国有，废除银本位，实行纸币制度，白银、黄金挂牌收兑。6月24日，中央银行宁波分行函告宁波各银楼、银铺：限一个月内，将所有金银料、金银器、金银饰品等名称、件数、所含金银纯度逐一登记，造册上报；凡有弄虚作假者，一经查出即勒令停业，甚者将依法处置。由此，大批银楼、银铺相继停业，仅剩老凤祥等五家银楼代中央银行收兑金银，领取手续费。

民国30年（1941年）4月，宁波沦陷。在敌伪占领下，原有的各种金银管理办法失效，黄金、白银、银元又开始在市场买卖中涌现出来。民众迫于生计，又将所藏金银出卖，以渡过难关。为此，市场中出现了一批"银包"，他们手提皮包，在街头巷尾或乡村角落叫买旧金银饰品、器皿和洋金戒、废金牙、破金扇面，乃至收买各种泥金对联、屏条、匾额等含金物，稍经加工后辗转出售，赚取小利。银楼见生意重来，便纷纷重新

开张营业，一时间街头巷尾，几乎无处不有银楼，仅城区就不下五六十家，创有史以来新纪录。

民国36年（1947年），内战纷繁，百业萧条，物资匮乏，物价飞涨，民国政府又颁布了《经济紧急措施方案》和《取缔黄金投机买卖办法》，禁止黄金自由买卖。同期，财政部又制定了《银楼业及首饰店金饰处理办法》，规定凡各银楼、首饰店，限于一星期内将制成之金饰列表注明品名、重量、成色，报告当地主管机关登记审核，并在三个月内出售完毕。办法公布后，在整个银楼业引起了轩然大波，人心惶惶。后虽经上海、杭州、宁波银楼业代表赴南京送交请愿书，希望维持银楼业对金银的自由买卖，但未果。次年12月10日，财政部又一次修正《人民所有金银外币处理办法》，准许人民持有金银外币，除银币外禁止金银外币流通、买卖，一切金银只准中央银行收兑。至此，银楼全体停业。

# 钱庄孵化了"快递公司"

当今，随着电商网购业务的蓬勃兴起，快递公司如雨后春笋，业务蒸蒸日上，成了物流业中最看好的行业之一。殊不知中国快递公司的鼻祖是宁波钱庄业孵化产生的民信局。民信局以传递民间信件、银洋和小型包裹为主，介于运输和邮政之间，并同时具有保护、护送的性质。民信局的产生与宁波钱庄业的发展息息相关。起始，钱庄送交合作钱庄的银洋、票据、信札等是钱庄附带的一项保送解交业务，费用另计，随着业务的扩大和需求的增多，才慢慢自成专业，成为民信局，即现在所谓的快递公司。

宋朝迁都临安后，朝贡物品、海外贸易都经宁波港吞吐交易。明中叶后，尤其是清乾隆起，国内商品经济和海外贸易的发展使宁波成为东南沿海的一大都会，物资运输、金融流通辐射内陆各地，并形成人数众多、旅居他乡从事各行各业的宁波商帮，客观上亟须解决通讯联络和银洋、包裹等的运送投递问题。据传，民信局始于明永乐年间（1403～1424年），然无确凿记载。《鄞州通志》称："吾郡素以商业著称，郡人足迹遍于全国，间且及于海外，顾交通事业亦随商业而发展。当邮局未设施时，甬人首创民信局。及沪、甬通商以后，又有信客之专业，今虽因邮务发达而渐次衰落，然其历史之久远，与生计之关系，实有不容忽视者。"

宁波的民信局业务以清道光至光绪年间为鼎盛时期。首先通过水路在沿海和长江一带布点，接着扩展至内陆各地，并且在东北各省，陕西、甘肃、新疆等边远地区也设立了机构。其最盛时，在全国布局大小民信局2 000多家，营业范围可直抵南洋各地。五口通商后，各民信局总部逐渐迁移汇合于上海，故有民间"票号是山西人特有，信局为宁波人独占"之说。民信局沿商路而设，皆因宁波商贾遍布各地，以及宁波商人在航运方面独具优势。光绪八年（公元1882年），宁波有名的民信局有8个，包括永利、正和、广大、福润、全盛、协行和正大等。

民信局的邮路范围可分为两类，一类为主送内陆区域，所有信件、银洋、货物一般由脚夫、民船运送投递至各埠；另一类为送投沿海及南洋一带区域，通过沙船、货船、邮轮等分运沿海、沿江各港口城市，一般划分为北洋、长江、南洋三路，然后与各地的信局合作，送达用户。各民信局有其专营区域，彼此约定，交换互寄。至节日、年终，各自结账，进行清偿，彼此相通，联网全国。宁波民信局设于全国各地的营业网点，根据城市大小与业务量多少，规模不等，多的有五六十人，少则两三人，资本少则四五千元，多则二三十万元。

1893年，清政府在全国设立邮局，邮局与各地民信局的矛盾由此展开，清政府多次想取缔民信局。大清邮政章程规定："商民擅自代寄信件者，每件罚银五十两；轮船行走，船主、搭客违章代寄信函者，每次罚银五百两，系专指私带邮政品、汇寄之信而言。如有人为朋友便带书信，或专人投递信件，可随意由水陆各途行走，断不致阻碍盘诘。"所以，从历史上看，民间的民信局诞生在先，官营的邮局出现在后，两者之间的竞争一直存在。

钱庄业开通汇兑业务后，信函、票据、银钱等的递送和汇拨是民信局的主要业务。据历史记载，清光绪二十五年（公元1899年），宁波的永利民信局所属的信船由宁波开往绍兴时，在上虞被强盗洗劫，2 800块银元、15封汇票信函及各类包裹被盗，损失惨重。由于钱庄所需服务比较特别，当时的民信局专门为钱庄设计方案，便于钱庄业在各地套取资金、调度头寸，因此也大大促进了钱庄业的发展。

# 钱庄同业公会——承担央行职责

　　旧中国长期以来称量货币与计量货币并存，无主币、副币之分，也没有统一的等价物，加之各省、地区之间又各自制定不同的计量标准，为此，市面上流通的各种货币非常紊乱，有银两、银元、制钱、铜元、银角、银钱票等，五花八门。

　　在宁波这一国际贸易口岸和长江流域的商品集散中心，中外各路商人所携带的货币品种更杂。光国外的银元就有十几种，如西班牙双柱银元、墨西哥鹰食鹰银元、印度站人银元、美国展翅鹰银元等；国内的银元有湖北龙洋银元、江南龙洋银元、广东龙洋银元、北洋银币、光绪元宝、宣统元宝、大清银币、南京孙币、天津袁币等。同时，民间还存在私铸钱币的情况。

　　由于宁波贸易繁荣，市面上相对应的银元一直不足，现金贴水较高，所以导致海外银元大量流入。据《中国银行年报》称，民国6年（1917年）10月间，宁波城乡流通的各种银元约45万枚，其中外国银元40万枚，占89%。其实，数量如此众多的外国银元要在一个城市的各行各业中流通，各钱庄之间的配合是非常难的。

　　当时还没有中央银行，钱庄之间为了开展业务，需要有权威的机构来协调统一有关的兑付标准，再加上宁波长期以来实

干青云而直上
戊子秋月杨馨画於雪湖畔

青云直上 纸本 52cm×140cm

施"过账制"，钱庄之间的账户转账和集中清付，均需要有同业都能接受的业规或章程，所以历史上钱业同业组织发挥了重大的作用。据史料记载，早在同治三年（公元1864年）宁波就已成立了钱业同业组织，称"钱业会商处"，在江厦街一带的滨江庙议事。

从目前保留下来的十多份钱庄业同业章程来看，钱业会商以议事、裁定、规范为主，内容详尽，基本上围绕宁波钱庄业的三个特点（过账制度、按日拆利息、通用银元）和三个弊端（现金升水、规元买卖、呆板洋拆）进行商议，所划定的政策界限和规定的处理方法，各庄均需严格遵守。民国18年（1929年），新章程以"维持同业公共利益，矫正营业之弊害"为宗旨，履行的任务有：（1）联合同业研究业务及经济事项之进步；（2）促进同业之发展；（3）谋金融之流通，保市面之安全；（4）评议或调解同业间之争执；（5）同业因商事行为，有必要之请求，得呈请政府或商会办理等。同业公会的章程同时规定，如果修改全市钱庄业的营业规则，如营业时间、存放款办法、汇划过账、同业拆借、停业清理等，则需得到四分之三会员的通过。

宣统三年（公元1911年），上海当地钱庄为了保护本地钱庄利益，禁止宁波的银元在上海买卖。宁波钱业同业公会针锋相对，规定所有从上海汇至宁波的款项必须马上兑换为宁波银元，禁止上海的银元进入宁波市场流通，违者罚没预存金；大钱庄违规，取消同业清算资格；小钱庄违规，取消其被代理清算的资格，从而有力地保护了宁波金融同业的利益。

# "高利伤民"　官府鼓励举发

旧时，宁波钱庄业对利率的称呼不很一致，通常以元或1 000元为单位，以角、分、厘称为利息率，并按年、月、日进行结算。宁波人历来精明，宁波的钱庄业主更是工于筹划，精于计算，当全国其他地方的钱庄还在按年、月计算利息的时候，宁波的钱庄业主创造了"日拆"，即按日计算利息的方式。这是宁波钱庄业的又一个显著特征。

清同治三年（公元1864年），同业章规拟定："凡遇银洋多缺，拆息总以随时定价。"所谓"随时定价"，即根据银根紧松随时确定日拆利率，经同业商议后每天挂牌公告。存款利率以日拆的全月平均数为基础进行计算，钱庄的其他各种放款、透支、拆借都以日拆利率为依据，在此基础上进行增减，各庄据以执行。所以，当时同业公会公布的日拆牌价成为市场银根紧松和金融供需情况的测定器，日拆利率上升，银根趋紧；日拆利率下降，银根宽松，以此调节资金，平衡供需。

当然，在不同时期，对存放款利息的价格制定也有不同的办法。比如，清同治十三年（公元1874年），对存款利率曾经按照放款利率每1 000元每天减1角。到了第二年，有些钱庄为了兜揽存款，利率变为每1 000元每天减7分，同业竞争由此产生。

历史上，由于宁波旅居国内外的商民众多，赡家汇款源源不断，各市县居民中又有许多富家财豪，而宁波当地的实业企业又相对较少，所以资金一直比较充裕，有"多单码头"之称。咸丰年间（1851~1861年）鄞县知事段光清在《镜湖自撰年谱》中记载："凡有钱者，皆愿存钱于庄上，随庄主略偿息钱；各业商贾向庄上借款，亦略纳息钱。"由此可见，当时钱庄业的利率并不高，同治以后虽有所上升，但幅度不大。同治六年（公元1867年），部分钱庄为了争夺存款开出优惠利率，最高达月息1分，即每1 000元每月10元，年利率高达12%，说明当时资金紧张，各项放款利率相应提高。不过，钱庄长期以来的放款利率都没有超过年息10%。

宁波商人将本求利，即根据投资回报来付出相应的利息。在利润率上，资本每周转一次，有"利不过三"之说，也就是说一般利润应控制在20%以内，通常为10%~20%为宜，如果超过了通常的商业利润率，往往被视为暴利和奸商，要受到同业与社会的谴责，当局还会加以干涉。

民国16年（公元1927年），宁波时任市长罗惠侨在市民谢百治"请求严禁重利盘剥"一案中批示："查利息超过20%（指年息），自属重利盘剥，如果证据确实，尽可指名举发。"也就是说，超过年息20%即属于放高利贷者，将会受到严肃处理，要求整改，如阳奉阴违，不予悔改，则将面临吊销执照的处罚，更甚者将受牢狱之灾。从中我们可以看到，历朝政府对"高利伤民"的危害都有深刻的认识，均力除害群之马，创造良好的工商环境，得民心于天下。

# 宁波钱庄业营业规则

## （1929年2月订）

第一条　本规则系宁波钱业公会同业公订之营业规则，故定名为宁波钱庄业营业规则。

第二条　营业时间每日自上午八时起，讫下午七时止。但认为必要时得延长之。

第三条　营业范围如下：（甲）各种存款。（乙）信用放款及抵押贷款。（丙）抵押往来透支。（丁）买卖规银。（戊）汇兑各路银两或银元，货物押汇。（己）其他关于钱业固有之习惯事业。

第四条　设立市场及会馆。（甲）市场设江厦滨江庙跟。（乙）会馆设江厦建船厂跟。

第五条　行市：（甲）规元行市每日上午一市，由市场视市上供求缓急公定相当行市买卖之。（乙）银元及各种辅币行市办法本条甲项同。

第六条　利息：（甲）同业洋拆视市上供求之需要因时制宜，最高以陆角为限，十二月初一起寄栈，俾早图结束。（乙）往来存欠利息，按月由司年将月扯悬牌公布之。

第七条　收解：（甲）各往来户付款与庄家，须随带过账簿或存折，即时入账，倘未带簿折，以报信为凭。（乙）本埠各往来户向庄家支款，须随抄过账簿或折子入账。如委托登门送款，须盖图章为凭，但中途发生危险，非人力所能抵抗者，庄家不负责任。（丙）各往来户以支票向庄家支取现款，须在支票上注明现洋字样方可照办，现升归支票者承认。（丁）庄家收入现款及盖印对实款项，一经入账，即行做实，不论是否为债务人归还，入账后纵发生何种纠葛或诉讼，均不得将入账之款提回，或受其他方面之支配。（戊）庄家收入划款，次日下午四点以前发生纠葛，不论何种款项，一律照驳。登解之账及当日对归进账，同一办理。惟盖印对实之账，照本条丁项办理，不能驳转。（己）庄家代主客向同业代收银款，以申银收到方可做实。如甬已汇而中途驳转，庄家不负任何责任。（庚）各户与庄家往来交易，如于收付款项上发生争执或其他纠葛，悉以庄家簿据为准。

第八条　各种放款办法：（甲）信用放款分定期、活期两种，定期放款到期照收，如未到期，欠款欲提前归还，应得庄家同意，但庄家认为有必要时，虽未到期，亦得随时收回之。活期放款随时催令清还。不论为定期或活期，欠款人如于放款庄家另有存款或抵押品变卖项下之余款，庄家均认为信用放款之保证，得划付欠项。如尚不敷，仍得向欠款人催索补足。如有余款，亦缴回欠款人或法律上之代表人。欠款人不论破产与否，或受法律上其他之处分，均不得对于放款庄家因本项规定所得之保证优先权发生任何关系而拒碍其执行固有之权利。（乙）抵押贷款分定期、活期两种。不论定期、活期，出抵人交出之抵押品如到期不赎，得变卖备抵。设有发生货价未付，或系情借挪移而来，及其他种种纠葛，受抵庄家对于抵押品得全权变卖抵偿贷款。不论何人不得依据上述纠葛情事或别种理由干预或抵抗受抵庄家执行其固有之权利。抵押贷款不论定期、活期，如变卖抵押品所得之价不足清还欠款，而出抵人于受抵庄家另有存款，不论任何性质，该庄均得扣抵补足抵押品变卖不敷清偿之数。如抵押品变卖后除清偿欠款本利外尚有余款，而出抵人尚有另欠该庄别种款项，则该庄仍得将该余款扣抵其他一切欠款，此项办法业已订明于本条甲项内。抵押贷款到期时，如出抵人备款取赎，而同时又另欠受抵庄家别种款项，则受抵庄家于必要时除将抵押贷款本例照收外，仍得扣留该项抵押品，俟其他欠项一一清偿后，再行交还出抵人。不论出抵人破产与否或受法律上其他之处分，均不得对于受抵庄家因本项规定而得之固有权利发生任何关系而拒碍其执行。（丙）活期或定期抵押款项及抵押往来透支，出抵人设有不测情事，不论到期与否，受抵庄家得登报限期取赎，逾期不赎，随时变卖，除归还抵款本利外，或有余款先还原家信用贷款，再有余款归各债权公摊。设或不足，受抵庄家向出抵人另行追偿，不得与其他信用贷款并理之。（丁）活期放款之定额，庄家得随时增减或索取。已放之款项往来户，不得因此向庄家要求任何损害赔偿，庄家亦不负任何赔偿损害之责任。

第九条 各埠往来办法：（甲）各埠往来如有委托收解银两或银元及买卖银两、银元等数，均以函电为凭。（乙）各埠托解订期解款倘欲止付，须先期来信或来电，接到后方可照办。如函电到迟不能止付，庄家不负责任。（丙）各埠往来如有电报解款，须先咨照，另加暗码押脚，否则未便代理。倘收款人愿挽人担保，得通融之，但担保者须解款庄家所信任。（丁）各埠托办现洋、钞票、角子、元宝等项，不论信托、电托，一经办就，无论已装、未装，应负风险概归托办人承认。如有主客摆存现洋、钞票、角子、元宝等，抑遇天灾人祸，为人力所不能抵抗者，概不负赔偿之责。（戊）交款系远期票纸，倘到期不得收归，将原票退还入账之家。（己）各埠支票以对票注实为准。注实之后，倘注票之家设有倒闭，得将原票退回付来之家。（庚）各庄逐日经收到期各票，倘遇解票之家不测，票已过而款未收到，随票面涂销或废票，亦无从追还代收，庄家不负任何责任。

第十条　各种票折、过账簿挂失止付办法：（甲）定期存票在未到期前设遇水火盗贼或中途遗失，准邀同殷实保证人向存款庄家声明理由挂失止付，并登著名报纸声明作废。过一个月后毫无纠葛，可由存款人邀同殷实保证人出立保证书，向存款庄家请求补给新票。倘挂失期内发生纠葛，应俟存款人理清后方可补给新票。对于其他方面即不负何项责任，其挂失之存票不论存没均作无效。（乙）存折设遇水火强盗或途中遗失，请求挂失止付办法与本条甲项同，但未挂失以前倘有凭折支去款项，庄家概不负责。（丙）注实支票如有遗失，可由立票人或失票人请求挂失止付，办法与本条甲项同，其款自向立票人收回。（丁）未注支票如有遗失，在未注之先得挂失止付。（戊）各业所执庄票、过账簿须谨慎收藏，如有遗失等情，应即通知庄家，未通知前倘有持簿支出款项，庄家概不负责。

第十一条　各种手续：（甲）各业往来存欠数目，旧历每月底由庄家抄就清单，其结单总结数目倘有错误，当即查明更正。但结单专为核数之用，仍以簿据为凭。（乙）庄家与本埠及外埠往来收付银两或银元均凭过账簿、信折、支票为准，倘有个人私相借贷或其他行为，概与庄家无涉。

第十二条　凡遇各业倒闭，官款、洋款、商款一律公收公摊。

第十三条　凡坏账已立公户之后，如遇外埠来信解款及本转，均应归公。倘在未倒以前已交入甬庄与外埠交往之家，虽到信日已经倒闭，但其交款既在未倒以前，应不在公收、公付范围。

第十四条　各业股东设或自己亏倒，而所设之庄号照常营业，倘其合同议据有外抵内押情事，未于抵押时登报声明在前者，概不承认，其股本即备抵各债权。

第十五条　同行单子一多一缺，针空相对，多者必须逐日拆通，预为安顿，以合龙门，不得有意倾轧。缺者亦宜自爱，不得滥抛。凡遇多缺不能拆通，因而发生争执时，由本公会召集委员会公平评议，议决后双方均须遵守。

第十六条　同业拆单系维持金融之流通，实无图利之可言，设有同业不测等情，应先将银洋、期票提出作抵，如有来款提早归还，有优先权，与普通债权特别办理。

第十七条　同业及小同行或现兑店市上卖买规元、现洋、角子等款，账未对到，抑有不测等情，亦照前条办理。

第十八条　同业收解现洋如遇大数时，必须先为过平，小数先为检点，然后再看。如不先平先检，数目有缺，惟收款者自召，不涉付款者之事，解洋者俟结数后始可出入，以避嫌疑。

第十九条　同业所拆单银与申银，一律不得借口计价。

第二十条　同业买卖规元，市散后买家向卖家汇银，须随盖图章，以免错误。

第二十一条　汇中规元如遇停工、国庆、休息等日，迟一天银拆一律不补。

第二十二条　同行遇有驳账，利息照补。

第二十三条　卖买现洋、钞票、角子等必须亲送落底，收入买家簿册，并盖回图章，以昭慎重。

第二十四条　各业卖买货物如过账次日取货者，必须亲送落底，抑有疏虞，庄家概不负其责，卖兑之家必须自行承认。

第二十五条　本街各业与庄家往来过账簿，第一日上手由庄家著人登门分送，盖回图章，将后中途发生冒印、划洋等弊，庄家不负责任。

第二十六条　各业过账统于当晚抄录，次日早进家向出家互对，设有数目不符，均应当时说明，不得含混，希图隐匿。倘经受错之家查出，不惟将所错数加利过还，并须公议处分之。

第二十七条　同业收票、注票以午后四时为限，逾限归次日照理，惟旧历十二月二十日起，以六时为限，过账末日不拘钟点，随到随理。

第二十八条　同业每逢岁底划账，月大以廿八日为度，月小以廿七日为度，即晚落庄。

第二十九条　入会同业如有停业者处理如左：（甲）停业

庄家本日支票延至当晚十二时尚无办法，一律退还原来之家，惟注实支票应设法优先提还。（乙）账箱及重要各件即由本公会会同该经协理共同封固。（丙）理账员即由本公会会同该股东或经协理延请公正律师充任之。（丁）存欠各款均归理账员收付，不论何项账款，不得私相划抵及内传。（戊）理账员查明该庄家虚亏若干，该股东应先行按股照垫。（己）股东中倘有存欠款项，与各债权一律办理，欠款尽先归还。（庚）理账员应将各款收集汇存本公会，不论中外官商，各款及票款均登报一律公摊。

第三十条　本规则有未尽事宜照钱业固有习惯办理之。

第三十一条　本规则经市政府核准，转呈省政府工商部备案。

第三十二条　本规则得随时公议修改，但须照本公会章程第十九条办理。

# 宁波钱业公会章程

## （1939年2月订）

### 第一章　总纲

第一条　本公会系宁波汇划钱庄同业组织，定名曰宁波钱业公会。

第二条　本公会事务所设在建船厂跟钱业会馆内。

第三条　本公会以维持同业公共利益，矫正营业之弊害为宗旨，其应行职务如左：

一、联合同业研究业务及经济事项之进步。

二、促进同业之发展。

三、谋金融之流通，保市面之安全。

四、评议或调解同业间之争执。

五、同业因商事行为有必要之请求，得呈请政府或商会办理。

六、处理其他关于同业事项，但其事项之性质以本公会权限所得处理者为限。

### 第二章　会员

第四条　会员无定额，凡同业汇划各庄皆得为本公会会员，其代表就本庄监理、经理、协理中推定一人充之。

第五条　有左列各款之一者不得为会员代表。

一、被夺公权者。

二、有反革命行为经通缉有案者。

三、受破产之宣告尚未撤销者。

四、有精神病者。

第六条　会员有选举、被选举权，有建议权，有表决权。

第七条　本公会以发起组织公会之各庄为基本会员。嗣后新开或小钱庄改为汇划者，须于开会前有会员两个以上之介绍，将牌号、资本总额、股东姓名、住所及所占股份并经理人姓名，开单报告本公会，经委员会审查提交会员会议决，方得入会为会员。

第八条　凡会员各庄如有变更股东或经理及换牌号时，亦应依前条新开各庄例办理。

第九条　凡非本公会会员不得互通汇划。

第十条　凡已入会各庄有连犯本公会章程及议决案并同业营业规则，妨害全体营业者，审查属实，除依营业规则处分外，经会员会之议决得令其出会。

## 第三章　委员会组织权限及选任

第十一条　本会设委员十五人，由会员互选；常务委员三人，由委员互选；主任一人，由常务委员互选。其任期四年，每两年改选半数，不得连任，第一次改选以抽签定之。

第十二条　委员、常务委员依本章程及营业规则之规定暨会员会、委员会之议决，行使其职权。

第十三条　选举均用记名连举法，由选举人到会行之。

第十四条　选举概以得票较多者当选，票数相同者以抽签定之。

第十五条　委员、常务委员、主席缺席时即时选补。

第十六条　委员有违背本公会规章，情节较重者，审查属实，经会员会之议决，得令其退职。

## 第四章　会议

第十七条　会议之种类如下。

一、会员会每年举行二次，由委员会于二、八两月定期召集，会议业务上进行或改革事项。

二、委员会每月三次，由主席定期召集行之。

三、常务委员会其会期由常务委员自定之。

前条一、二项会议遇有重大事项，得由委员五分之一或全体会员十分之一以上请求，及常务委员认为有必要时，均得临时召集。

第十八条　会员会、委员会均须由三分之二以上之出席，即得开议；有出席会员三分之二以上之同意，即得议决。

第十九条　左列各项之议决应由全体会员四分之三以上之出席，得出席会员四分之三以上之同意行之。若到会会员不足法定人数时，得以出席会员四分之三以上同意议定草案，通知未到会各会员，并于三日内再召集第二次会议。若仍不足法定人数，即以第二次到会会员四分之三以上之同意作为议决。

一、变更章程。

二、修正营业规则。

三、委员之退职。

四、会员入会、出会。

五、关于负担经济事项。

六、关于其他业务上重要事项。

## 第五章　经费

第二十条　本公会经费由入会同业各庄共同负担。

## 第六章　附则

第二十一条　本公会同业营业规则另订之。

第二十二条　本章程经宁波市政府核准，转呈浙江省政府及工商部备案。

第二十三条　本章程如有未尽事宜，得由会员会议决修正，并呈请政府备案。

# 宁波典当同业公会业规

## （1949年11月订）

第一条　凡遵守本公会业规，经当局之核准备案，得集资在本市设立典当营业。

第二条　典商应遵纳法定捐税及本业应负之捐项。

第三条　当进货物应给予当票，填明货物名称及当本数目、日期、字号等。

第四条　当本进出照人民银行每天折实存款单位挂牌计算（每单位：布一尺，油一两，米一斤，柴一斤合成）。

第五条　当货照市估值，不得情当、信当、强当，凡可办认之军衣及一切军用物品概不收当。

第六条　典当设遇资力不继，得暂时停当，待措资金。

第七条　利息月分三期，每期2%。

第八条　自1949年8月起，凡属当货概以三个月为限，但在满期前得予付息转票。

第九条　当票取赎时间，悉照国历计算。

第十条　各典满货一概情留十天，第十一天起始可发卖，规定日期不得参差，违者议处。

第十一条　当户未届满期，交足本利，听将货物取赎。如一票之中抽取一部分，而非全赎者，应照留存之货另行估价转换新票，即以转换之日为起息期。

第十二条　窃盗赃当无可辨认，须经政府查明，确有证据者，应备本加利取赎。

第十三条　未满当货物设遇兵灾、盗窃、水、火等灾，非人力所能抵抗挽救而遭损失者，经人民政府勘验属实，得免赔偿。

第十四条　当户遗失当票，须报明当票号码、货物名称、当价、日期及货物特别记认，由典当查对相符，得邀同妥保，准挂失票。如无妥保，不得挂失，手续费收取5%。

第十五条　本业规应行修改事宜，得由典当业同业公会议决，报请当局核准施行。

# 宁波银楼同业公会业规

## （1915年5月订）

一、本业规以矫正会员弊害、互谋业务发展为宗旨。

二、凡会员收兑金银首饰，均须遵照市价，并将逐日收兑物品名称、数量、收兑价目详载簿册，以便查核，不得隐匿。明知为来路不明之货物，不得收兑。

三、凡收兑之金银首饰，如无确实担保者，须保留五天。在保留期间，不得熔化或转卖。

四、收兑之货设遇来路不明而无心收买，经失主控追吊取者，保留期内应将原货呈缴官署，无息赎回，五天以外，概不缴还。

五、同业中如有违反本业规第二条之规定者，一经查出，由公会呈行政官署予以严重之处分。

# 金融名人故事篇

篇前语：

　　宁波金融业不仅起源早、辐射广，可谓名人辈出。他们的创业历程，同时还涌现了许多著名的金融实业家，为人风范以及对社会事业所做的贡献，值得后人敬仰学习。限于篇幅，本书选取历史上十位宁波籍金融实业家，他们大多有以下相同的特点：

1. 出身贫苦，少年立志，决心改变命运。

2. 刻苦学习，攻克外语关，青年时期赴上海谋发展。

3. 学徒阶段异常艰苦勤奋，得到高人赏识。

4. 广泛交友，同乡支持，政商结合。

5. 看准产业演进脉络，胆大心细，可谓投资大师。

6. 品行修养良好，坚持公正、平衡、哲理、谨慎、知识、劳作、经验、坚韧、秩序、历史等价值观。

7. 爱国爱乡，对家族要求严格。

8. 身体健康，精力充沛，具有良好的生活习惯

老梅千年為查梨之去訪綠萼蒙
濤湧大嚼玉蕊滄朝雲

老梅千年為查梨之去訪綠萼蒙玉圓浪二沽

嚴次戊午殘秋臨吳昌碩
墨梅圖於椒鰪楊馨記

# 严信厚
## 擦招牌改变命运的学徒

严信厚（1839~1907年），宁波费市（现属江北区）人，"宁波帮"先驱，民族资本家、金融实业家。

严信厚自幼在私塾读书，喜爱诗画，尤其擅长画芦雁图（中国画的传统题材，表现芦雁飞、鸣、食、宿的神态），颇有名气。后经保人举荐到宁波恒业钱庄当学徒。恒业钱庄主人吴氏过世后，由其子继承经营，但其子是个纨绔子弟，将钱庄挥霍一空，欠债无数。1855年夏天，杭州信源银楼的老板前来催讨欠款，吴庄主被逼得像热锅上的蚂蚁，正好看到严信厚在擦拭钱庄招牌，便向他发泄："是谁叫你擦的？"严答："我自己想擦。只有招牌亮了，生意才会越做越大。"吴见其顶嘴，过去狠狠地揪起了他的耳朵。眼前的这一幕，恰好被从杭州来催债的信源银楼老板看到："且慢！你这个学徒我要了，他可以抵贵庄欠下的那笔银款。"吴庄主目瞪口呆。说此话的正是当时如日中天的红顶商人——胡雪岩。

不久，严信厚来到杭州胡雪岩的信源银楼担任文书。为答谢胡雪岩的知遇之恩，他精心绘制了一幅芦雁画相赠，上题："暂依秋水宿汀州，终共鲲鹏变化游。衔得一枝输作税，不教

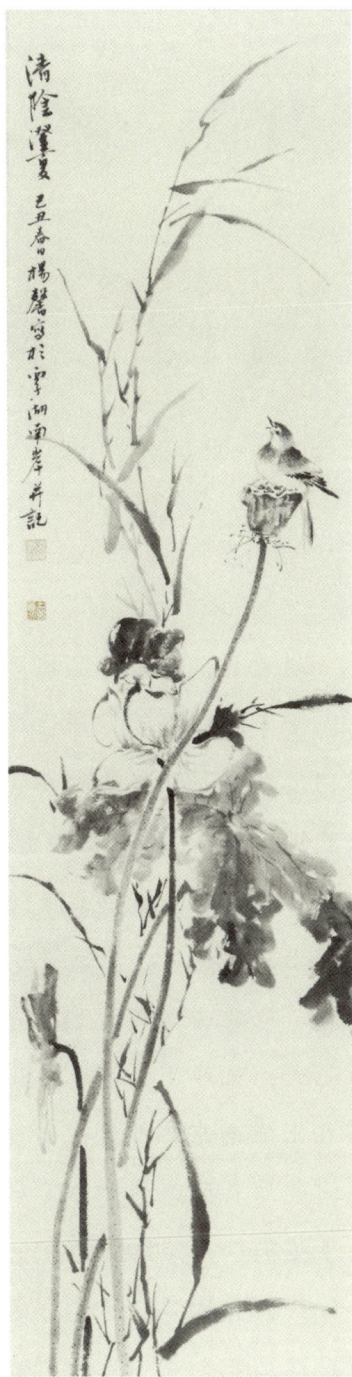

清阴澄夏
纸本 38cm×144cm

清阴澄夏（局部）

关吏苦羁留。"胡大喜，赞其"品格风雅，非市侩比也"，便书荐于李鸿章。受李鸿章委派，严信厚赴天津等地督办盐务，不久又自办"同德盐号"。经苦心经营十余年，积聚了大量财富，继而开始了创办中国民族工业和金融业的历程。

19世纪90年代初，严信厚在上海创办了源丰润票号，分号17家遍及天津、北京、杭州、南京等十余个城市，形成了较为新型的钱庄网络。他还一度掌管了上海一带官银的代理收付事宜，生意越做越大；又涉足金银珠宝业，开设了天津物华楼金店；另外，还在上海南京路开设了老九章绸缎庄。1887年，他在自己的家乡宁波江北区湾头开办了宁波近代史上第一家工业企业——通久源轧花厂，紧接着又在杭州和萧山开办了通益公纱厂、通惠公纱厂，并称"三通"。这是当时浙江省最大、最现代化的三家民族工业企业。此外，他还投资兴办火柴厂、造

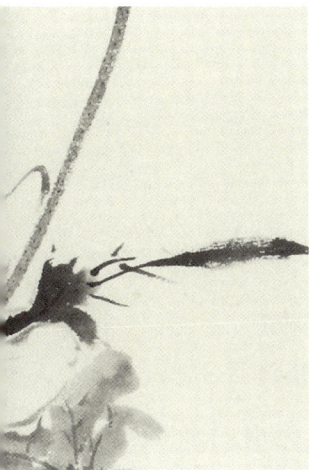

纸厂、面粉厂、陶瓷厂、制药厂、自来水厂等，企业遍布全国各地。

　　1897年，受晚清显赫高官盛宣怀推荐，严信厚参与创建了中国第一家民族资本银行——中国通商银行，认股5万两成为该行十位总董之一。他还通过引进国外最新金融制度和经营管理方式，吸纳了近代侨商张弼士（东南亚首富，清政府驻新加坡总领事，张裕葡萄酒创始人）的巨资，认股10万两，迅速扩大了中国通商银行的信用规模，大大推进了中国金融业的近代化进程。随后，他参与创办了四明银行和中国第一家保险公司——华兴保险公司，并长期担任上海四明公所董事。他曾捐巨资助建塘沽铁路、宁波铁路，还捐建了宁波新式学堂——储才学堂（现为宁波中学）。

# 叶澄衷
## 黄浦江舢板船夫的诚实

叶澄衷（1840~1899年），宁波庄市（现属镇海区）人，著名的宁波商帮先驱、民族资本家、金融实业家。

叶澄衷出生于镇海庄市一户贫困农民之家，6岁丧父，9岁开始读书，半年后辍学，11岁在当地的一家榨油坊做牧童。14岁孤身一人到上海谋生，在法租界一家杂货店当起了学徒。17岁那年的夏天，他租借了一条小舢板，在黄浦江中向外轮兜售零食和小百货。一天，他运送一位外籍船员过江，船员上岸后，遗落了一只小皮箱。打开一看，里面有很多钞票、支票和证件等物，于是他一直在十六铺码头守候，等人来取。到傍晚时分，那位船员才急匆匆地前来寻找。该船员见箱内钱物分文不少，立马抽出一大把钞票相送以表酬谢，但被叶澄衷婉言谢绝。这位船员就是大名鼎鼎的英国火油公司在中国的总经理。看叶澄衷如此诚实，他非常感动，于是邀请叶澄衷到自己下属的企业工作。叶澄衷看这位洋人如此盛情，就来到他所属的油库，担任了油库保管员。同时，洋老总还专门为他聘请了中文与英文老师，帮他补习文化。

叶澄衷22岁那年，在外商的帮助下，在上海开设了顺记五金杂货店，当上了小老板。他凭借乐观时变、为人宽厚、勤奋节俭的风格，从此发迹，走出了一条传奇般的创业之路，最终成为上海巨商。其所创造的商业帝国，涉及石油煤炭业、军工业、钢铁业、机械业、航运业、房地产业、纺织业、金融业等十多个行业，名下拥有各类企业100多家。据史料记载，当时他所拥有的流动资产和不动产超过1 000万两银元（当时1 000两银元可以购买一辆世界顶级豪华轿车，1万两银元可以办一个中等规模的印染厂），他被称为"江南甲富"。

鼎盛时期，他在上海、杭州、芜湖、湖州、镇海等地开设的票号、钱庄竟达108家。1896年，清政府批准设立中国第一家由民族资本创设的新式银行——中国通商银行，他被委任为总董，成为中国现代银行业的创始人之一。

叶澄衷出生贫寒，幼年缺少教育，他深知国家与民族的兴旺，教育事业是基础，为此，他分别在上海和宁波庄市捐资办学。1899年，由他出资在上海开办了有名的澄衷蒙学堂，蔡元培先生曾于1901年担任该校校长。学校先后培养了四万多名学子，其中有李四光、胡适、竺可桢、李达三等一大批著名人士。后又在宁波庄市开办了中兴学堂，其学子中产生了邵逸夫、包玉书、包玉刚、赵安中、包玉星、楼志章等巨商。

叶澄衷思想开放，乐于接受新生事物，洞察产业变革的形势发展，善于快速决策抓住商机，如他所经营的火油业、五金业、火柴业、轮船业、钱庄、银行等都是中国资本主义萌芽时期诞生的新兴产业。这种过人的洞察能力足以使其成为企业家的楷模。同时，他终生节俭，很少坐车坐马，以步行走路为主。有外商送他汽车，被他婉言拒绝；送他五套西装，被他转送给部下。其孙女叶吉谋说："我爷爷终生只穿老布衫，从未见其穿西装，爷爷说了，穿老布衫袄是不忘祖宗啊！"

冰清玉洁
纸本 39cm×49cm

# 朱葆三
## 从"洋泾浜"英语到"庚子赔款"

朱葆三（1848~1926年），浙江定海人，著名的近代银行保险业资本家，是一位与叶澄衷同时代的宁波籍工商巨子。

朱葆三13岁时，父亲患上重病，家境贫困，无奈之下被父母托人带往上海学艺谋生，在"协记吃食五金店"当了学徒。其间，机敏的朱葆三看到上海是个十里洋场，洋货充斥，必须得学几句"洋泾浜"英语才能与洋人打交道，做大生意。为此，他萌生了学英语的念头。但是，如果去学校补习英语，每月要交三块钱的学费，朱葆三薪资微薄，承担不起。他见店内另一学徒略懂英语，便奉上部分月薪拜其为师。白天朱葆三在店堂勤恳工作，晚上刻苦自学，除了英语，还攻读语文、珠算、记账、商业尺牍等有关知识。他孜孜不倦的读书精神得到了店主的赏识，店主夸他"勤敏朴诚，殊于常儿"，有意培养他。果然，不出几年他就当上了店经理。

1878年，他用自己积攒的钱作资本，开了一家慎裕五金店。如何将一家小小的五金店做大，在这十里洋场、强手如云的大上海站稳脚跟？他通过关系认识了清末上海著名的甬籍企业家叶澄衷，对于叶在上海的事业发展成就非常崇拜，虚心讨教。在叶的支持下，他将慎裕五金店从很偏的城郊迁移到上海市中心福州路，这是叶所置的地产。开业后慎裕五金店的规模和名气顿显改观，朱葆三的身份和名声也随之攀升，然后他继续编织各种人脉，在清朝官府、外国领事，乃至革命党人中均构建了他的朋友圈，从此开启了他非同凡响的工商旅程。他30岁不到就跻身于上海五金行业资本家行列，这在当时十分鲜见。

朱葆三广结人缘，尤其与清廷内的高级官员交往甚密。当时有一名叫袁树勋的高官是朱葆三的铁杆兄弟，在他经手"庚子赔款"（1900年〈庚子年〉八国联军攻占北京后，签署了丧权辱国的《辛丑条约》，规定中国从海关关税中拿出4.5亿两白银赔偿各国，分39年还清，即"庚子赔款"）时，要求各地口岸向上海海关交付的"庚子赔款"款项，先存入由朱葆三开设的慎裕钱庄，到期再向上海海关划付。巨额的阶段性存款，成了全上海各钱庄拆入资金的重要来源，每天慎裕钱庄内"阿大先生"（经理）济济一堂，竞相等候拆放头寸。慎裕钱庄成了当时上海钱庄业头寸的拆放中心，这一地位使朱葆三迅速成为上海金融界的关键性人物。

随后，他陆续投资和参股现代金融业，如中国通商银行、浙江实业银行、浙江兴业银行、中华民国浙江银行、四明银行、中华银行和江南银行，还有华安保险公司、华兴水火保险公司、华成保险公司和华安合群人寿保险公司等。与此同时，他大力兴办民族工业，开设上海华商电车厂、上海自来水厂、长兴煤矿、宁绍轮船公司、永利轮船公司、南洋烟草公司、龙

瓶菊图
纸本 32cm×107cm

华造纸厂、大有榨油厂、宁波和丰纱厂等40余家企业，时任中国通商银行总董、宁波旅沪同乡会会长、上海商务总会协理等职。

朱葆三功成名就后，在同乡中威望很高，宁波籍买办多半出于他的推荐。其时，上海各国领事以战胜国自居，盛气凌人，唯独对朱葆三优礼有加，而更多的民族资本家借重他的声望招徕资本，扩大影响。例如，刘鸿生创办的上海水泥股份有限公司聘请朱葆三出任董事长，上海南洋兄弟烟草股份有限公司聘请朱葆三为发起人，设在杭州的中华民国浙江银行特任命朱葆三为总经理。

今上海溪口路，曾被命名为"朱葆三路"，这是上海以中国人姓名命名的第一条马路，足见其在上海的地位和所作出的贡献。

# 虞洽卿
## 上奏慈禧太后的宁波商人

虞洽卿（1867~1945年），宁波镇海人，著名的社会活动家、金融实业家、航运企业家。

虞洽卿出生于宁波镇海伏龙山下一户贫苦的裁缝之家，6岁丧父，与母亲和3岁的弟弟相依为命。家境贫寒使他失去了读书的机会，幸好邻里有一位同族的塾师，见他聪明伶俐，便免费收他为学生。每逢雨天不能下田时，他就跑去老先生的塾馆读书，当地人称"雨书"。下雨天是贫苦农家孩子读书的时间。

15岁时，虞洽卿只身闯荡上海，入瑞康颜料行当学徒。聪明机灵的他将店内代理的德国鹅牌朱红介绍给四川客帮，打开了销路，深受店主器重，很快被提升为跑街（销售经理）。他白天工作，晚上自学英语，用"洋泾浜"英语与洋行里的外籍经理做生意。1892年，26岁的虞洽卿被聘为德商鲁麟洋行跑街，旋即升为买办，后又到华俄道胜银行和荷兰银行任职。由于虞洽卿在荷兰银行任职期间为该银行创造了巨额利润，荷兰政府为他颁发了勋章，并赠送具有200多年历史的皇家自鸣钟一座，从此他在上海滩崭露头角。

1906年春，他与清政府瑞方、载泽等大臣赴日本考察，从

仿宋人桑果山鸟图
绢本 26cm×26cm

而对西方的近代工商业有了进一步了解。回国后，他决心振兴
中国的民族工商业，便上奏慈禧太后，指出外国列强如何利用
银行来盘剥中国的民族经济，并提出创办中国自己银行的主

张。该主张很快被清政府采纳。1908年9月11日，经清政府批准，中国第一家完全由民间资本投资的银行——四明商业储蓄银行在上海宁波路成立，简称四明银行。参股的有朱葆三、虞洽卿、李云书等12人，均为宁波人，资本共计150万两，虞洽卿任理事。后虞洽卿又集中投资于航运业，如宁绍轮船公司、鸿安轮船公司、宁兴轮船公司及三北航业集团等。虞洽卿还是一位著名的社会活动家，具有民族气节，为民伸张正义。1905年冬，广东妇女黎黄氏带领十余名婢女途经上海，被英国巡捕诬为"人口贩子"而横遭逮捕。会审中，英国领事颠倒黑白，胡判乱断，激起民愤。虞洽卿挺身而出，在公堂上据理力争，为维护中国人的尊严仗义执言，成为沪上一段佳话。

抗日战争爆发后，他拒任伪职，同时敢于揭露腐败现象。1939年初，虞洽卿与庄崧甫（蒋介石奉化龙津中学堂老师，中国林牧业先驱）联名向蒋介石状告宁波防守司令兼镇海要塞司令王皡南违反战时军人禁婚条令。王皡南可不是一般的人，按现在的说法至少也是集团军司令，曾参加过北伐战争，防守宁波战区后多次击败日军进攻，战功显赫。1939年宁波抗日形势危急，在镇海口一带，用大量沉船设置了严密的港口封锁线，日寇多次进犯宁波，企图登陆镇海口未果，但身为防区司令的王皡南却租用了葡萄牙商船"棠赛号"轮，冲破防线，从上海迎接新娘金耐仙及亲朋好友来宁波举行婚礼。蒋介石获知大怒，派人诱骗其到金华开会，车到台州由宪兵拦下，随即押解至金华，草草审判，就地枪决。此所谓"专轮迎亲案"，当时在国民党军队中引起极大震动。

1936年，基于虞洽卿对上海经济与社会的突出贡献，民国上海政府将西藏路冠名为"虞洽卿路"。

# 宋汉章
## 中国近代外汇与保险创始人

宋汉章（1872~1968年），宁波余姚人，著名的近代银行保险家。

宋汉章于1872年4月6日（清同治十一年2月29日）生于福建建宁。父亲宋世槐曾在福建办理盐务、经营木材，后举家回故乡宁波余姚城定居。1881年其父参股创办上海电报局，宋汉章随父来到上海，就读于上海正西书院，毕业后进入上海电报局工作，任会计一职。后又考取上海海关，任上海海关官员。

宋汉章思想进步，追求西方科学，并积极参与清朝末年以康有为为代表的戊戌变法运动，为此遭受了清政府的通缉，被迫流亡香港等地。在此期间，他进一步拓展了国际视野，学到了许多现代金融业的知识，精通英文。回上海后，1900年宋汉章加入了中国第一家现代银行——中国通商银行，任跑街，由于精通西方金融业务、才干出众而被器重。1906年，他跳槽到大清银行，主持总行储蓄部业务，后又被委任为上海分行经理。辛亥革命后，大清银行关闭，设立中国银行。1912年2月，宋汉章任中国银行上海分行经理，在金融界崭露头角。1916年，北京、天津发生中国银行、交通银行京钞挤兑风潮，5月

2日北洋政府下令两行一律停止兑现已发行的兑换券。宋汉章为维持银行声誉，拒不执行，并设法筹款平息了风潮，从此声名大振。

20世纪初，上海的外汇市场均由外国银行把控，不仅严重削减了中资银行的利润，而且使国家损失了巨额外汇。为此，宋汉章积极争取政府支持，开拓中国自己的外汇市场。经过艰难的筹备，1919年中国银行开始经办外汇业务，与欧美国家的主要银行建立了清算行关系，并直接在美国纽约和日本大阪设立了分支机构。在他的精心培养下，一大批本国的外汇专业人才逐渐成长。1928年，中国银行被民国政府指定为外汇特许银行，并将分支机构拓展至欧洲、美洲及东南亚各地，逐渐建立了中国自己系统的外汇服务体系，宋汉章功不可没。

宋汉章1925年任上海总商会会长、上海银行公会会长等。1928年被选为中国银行常务董事。1931年创立中国保险公司，任董事长，又发起成立了中国保险学会。1935年3月任中国银行总经理。他虽身处政治中心，但在商言商，厌谈政治，确保了中国银行上海分行的独特地位，使其基础日益巩固。1948年4月任中国银行董事长。

1931年成立的中国保险公司，资本额250万银元，其时1银元等于0.72两白银。创立当年，荣毅仁家族投保的汉口纺纱厂不幸发生火灾，需理赔200万银元，等于144万两白银。要从250万银元资本里面赔出200万银元，意味着这家新生的保险公司将被逼入绝境。可是宋汉章是宁波人，深受宁波"信用码头"文化的影响，深知宁可破产，非赔不可，于是咬牙全赔。

荣氏家族非常感谢，原期望能赔一半就不错了，没想到是全赔，且速度很快。荣毅仁在《申报》上刊登大幅广告表示感谢，宋汉章的中国保险公司的知名度随即迅速提升，其后，保险业务蒸蒸日上。

1950年，宋汉章赴美国，后转巴西定居。新中国成立后的中国银行第一届董监会，宋汉章委托郑铁如代为出席，并被选为新的中国银行董事。1962年，家乡余姚发生水灾，宋汉章回国慰问。1968年10月于香港辞世，享年97岁。

# 秦润卿
## 中国金融业风险防控先驱

秦润卿（1877~1966年），宁波市慈城人。著名的中国金融业第一代职业经理、金融风险防控先驱。

从1891年由宁波进上海豫源钱庄当学徒起，秦润卿在上海钱业界工作了50多年，闯过无数风雨，始终稳健经营，直至担任全国钱业同业公会理事长要职，是著名的江浙财团六位核心人物之一。旧时宁波人，从事金融业而著名者甚多，但终生只当职业经理并能成为行业领袖、执金融界牛耳者，秦润卿为第一人。

1897年，即秦润卿进钱庄后的第六年，他被店东程觐岳看中，培养为客户经理，并于1909年升任钱庄经理。直到1943年日寇侵入上海租界，他才辞职引退，时年67岁。他总计为程家经营钱庄达50多年之久，宾主始终融洽无间，被上海金融界传为美谈。

秦润卿50多年的钱业生涯中，变化急剧，风浪迭起，但他经营稳健，处事谨慎，以金融家的独到理念，避免了一次次倒闭的巨大风险。

钱庄的资金投放，称为"放账"。秦润卿的放账，注重稳健，但也有魄力。他做信贷讲究一个"实"字。对客户老板，首先看其是实业家还是投机家，如果是追求暴利、悖入悖出的投机家，就绝不与之交往。他做客户经理时，从来不接受客户邀请吃饭，哪怕是快餐也坚决谢绝，更不要说是向他送礼行贿了，所以客户知道他的脾气，不敢用不正当方法来巴结他。其次，他一贯主张"振兴实业，工业报国"的宗旨，即放款时重工轻商，工业又以纱厂为重点。如在1927年，对6家纱厂的抵押放款总数达96万银元；1933年，对鸿章纱厂等放款最高达273万银元。此外，放款前他必综合、周详考察该企业，从企业的前途、产品质量、工厂技术到老板人品，都作详细调研。等到放了款后，就把这家企业当做自己的事业一样，全力支持，即使这家企业受到市场影响，资金积压，周转失灵，一时发生困难，他也绝不袖手旁观，而是尽全力帮助其渡过难关。因此，他放的账，没有"倒账"、"滥账"。

总结其经营钱庄50多年而不倒的经验，主要有以下两条：一是只做看得懂、看得见的生意。他从来不与洋人有生意往来，既不将钱庄的钱存入外国银行，也不向外国银行借款，余

吉光片羽 绢本局部二（局部）

款只存在国内银行和国内票据交易所。二是一向做"多单"，从不做"缺单"。客户把钱存放在钱庄，钱庄把这笔存款放给另一客户，这是正规业务。如果量入为出，钱庄应该终年是"多单"。可是许多钱庄往往不务正业，经理等高管借名"经营商业"而从事投机，使"宕账"（职工预支款，实际上是挪用款）增多，影响资金流转；或盲目放款，致使业务膨胀，一有风吹草动，银根紧缩，就无法应付。上海1910年的"橡皮股票风潮"（指1910年上海橡胶公司股票炒卖行为导致的金融危机，危机最终引发上海、天津、广州等地钱庄大规模倒闭）和1921年的"信交风潮"（指1921年全国大城市掀起一股"交易所、信托公司热"，交易所股票满天飞。其中，上海竟有交易所140余家，而经当时民商部批准合法的只有10家，这些交易所专注于投机行为。年底，银根突紧，股票和公债大跌，有的交易所股票跌到一文不值，从而引发上海等地钱庄大规模倒闭）都是如此。而秦润卿经营的钱庄却能在危机中屹然不动。秦润卿在"信交风潮"后说："民国10年，本市有交易所、金融机构先后开业，一时多至140余家，其股份在市买卖，价格数倍于票面，不久倒闭者相接踵，予市面以莫大打击，是为'橡皮风潮'后又一巨大风潮。我幸当时钱业主持，鉴于'橡皮风潮'殷鉴不远，老成持重者，避之若浼，得免于牵累，是又不幸中之大幸也。"

上海钱庄业除自身问题引发风潮外，因时局动荡，灾害频发，常常经受各种打击。例如，1933年战争爆发，民众纷纷收藏现银，中资钱庄的银两、银元存款减少，加上南京政府乱抛

吉光片羽 绢本 局部二

公债，价格狂落，使投资公债的钱庄，如裕丰、庆丰、永春等多家钱庄倒闭；1927~1935年，钱业为政府购买公债及借贷款项高达2 965万银元，1930年通过了银行法，多数钱庄因资本不足，被大批淘汰；1930年发生地产风潮；1931年长江发生水灾。此外，还有"九·一八"事变、"一·二八"淞沪抗战等。上述天灾人祸致上海钱庄出局者众，但是秦润卿经营的钱庄却能一一幸免，其根本原因是他始终谨慎经营，将风险防控作为钱庄的生命线。

秦润卿的一生，爱国爱乡思想突出。1931年他在慈城办了一所藏书楼，题名"抹云楼"，收集各种古今中外书籍。日寇侵入宁波后，"天一阁"藏书楼部分古版善本被盗卖于上海，秦润卿想方设法购回，贮于"抹云楼"。1952年，他把全部藏

书和"抹云楼"财产捐献给浙江省人民政府，计：二层花园洋房一座以及股票、现金等全部财产；图书方面计线装古版书籍32 996册，现代书籍3 335册，各种杂志3 324册，图谱、碑帖、字画2 571件。移交完毕后，他致函浙江省文管会陈训慈，信中说："润卿积年心愿偿于一旦，快慰奚似！"

对于他的生活，其弟子孙受百回忆说，师父一生如"圣人"。他老人家生活严谨，非常节俭，从不沾烟酒，更无妾室。天天住在店里，不住豪宅，也无别墅。平时喜欢读书，天天书写日记，十点睡觉，五点起床，每逢周末回家一次，几十年如一日，坚守一生而未改。师父身居要职，平时应酬特别多，不过他有个规矩，必先在单位吃好饭后才外出或在店里接待客人，因此他从来也没有胃病，身体特好，长寿至九十。

# 包达三

## 中国近代实业救国的典范

包达三（1884~1957年），宁波镇海人，辛亥革命活动家、民族企业家、中国证券业先驱。

1884年4月28日，包达三出生于宁波镇海石塘的一个贫困农村家庭，父亲是村里的秀才，靠教私塾为生。后来，父亲患了精神分裂症，家庭失去依靠。为了生计，包达三16岁随亲戚到上海，在益生纸店当学徒。包达三勤奋、稳重、诚实，尤其是肯动脑子赚钱，即使碰上很难对付的客人，他也能应酬得体，因而深受老板器重。包达三是个胸怀大志的爱国青年，平时利用业余时间发愤读书，寻求救国之道。功夫不负有心人，1906年，包达三考取了公费留学日本的学额，"路漫漫其修远兮，吾将上下而求索"，包达三开始了他的寻梦历程。

到日本后，包达三进入明治大学攻读政法，受到资产阶级民主革命思想的影响，曾亲耳聆听孙中山先生的演讲。"驱除鞑虏，恢复中华，创立民国，平均地权"十六字建国方针，对那些为民族灾难深重而忧虑彷徨的青年而言，犹如在黑暗中见到的闪耀星光。他加入了中国同盟会，剪了辫子，并与当时的盟友蒋介石、张群等人结为"金兰十兄弟"，投入反清斗争。

1911年10月10日，武昌起义爆发，各地纷纷揭竿响应。包达三毅然中断学业，与蒋介石、张群等人于是年10月30日同船抵达上海，共举义旗，参加了上海民军敢死队攻打江南制造局之役。上海光复当晚，包达三等敢死队员旋即南下杭州，浙江巡抚衙门被攻克后，杭州也随之光复。

　　但不久，辛亥革命的胜利果实被袁世凯窃取。孙中山领导国民党发起讨袁的"二次革命"，包达三在上海参加讨袁军。包达三后因遭通缉，被迫避居日本。之后袁世凯倒台，继之以军阀混战，包达三痛感国事日非，前途茫茫，他想到了弃政从商，走实业救国的道路。

　　弃政从商，谈何容易？中国的民族工业在半殖民地半封建社会中备受洋货冲击，市场萧条，前景暗淡。虽然包达三在日本大学里学过一整套商业经营和管理的理论，但在上海滩，他既无社会背景也无资本，白手办企业堪比上天揽月。1917年，包达三在郁闷中离开上海去广州，另谋发展。一个偶然的机会，他在广州结识了出身富商之家的王文宁，一次邂逅促成了一段美好的婚姻。从此，包达三无意政治，一心只搞实业，而来自妻子家族的雄厚资金则成了他最初投资实业的资本。

　　经过在上海、广州的考察，包达三在一个被别人视为冷门的项目——蛋粉加工业上开始了他的创业历程。当时我国蛋品出口数量逐年提高，但却为外商垄断。1918年，包达三在蛋品货源丰富的河南开封开办了开封制蛋厂，专营蛋黄蛋白粉，一时获利丰厚。后又在上海创办黄海渔业公司，购置了数十艘机动渔船，在舟山渔场捕鱼，获利颇丰。1920年，包达三与虞洽卿、盛丕华、方淑伯等人共同筹建上海物品证券交易所，并任常务理事。后又与黄楚九、叶山涛等人在上海大世界创办上海夜市物券交易所。由于他有扎实的经济理论根底，善于把握先机，投资组合巧妙，因此大获其利，当时被沪上报界誉为交易所的"奇人"。同时，他大量投资房地产，在上海、江苏等地购地与围垦滩涂，地价不到一年就翻了几番。又创办了永达药厂、雷石化学公司等。通过上述几项实业活动，包达三名声鹊起，上海商界都知道有个办企业有方的宁波人叫包达三。

新中国成立后，包达三出席中国人民政治协商会议第一届全体会议，并参加开国大典。曾任浙江省人民政府副主席、副省长等职，当选全国和浙江省第一届人民代表大会代表。1952年将个人全部房地产等捐献给国家。

# 刘鸿生
## "上帝的叛徒"却成了民族的骄子

刘鸿生（1888~1956年），浙江定海人，中国近代实业家。

自幼丧父的刘鸿生自知生活艰辛，奋发努力，1906年以优异成绩考入上海圣约翰大学，校长卜舫济是当时上海著名的传教士和教育家，在他眼中，这个成绩优异的18岁男孩是个可造之材，遂决定送其去美国留学深造，表示学成回国后让刘鸿生担任圣约翰中学牧师兼英文教师，月薪150元（法币），学校另提供一座小洋楼供其居住。因为不想当牧师，刘鸿生拒绝了校长的"提携美意"。令他始料未及的是，校长斥责刘鸿生是"上帝的叛徒"，并将他开除出校。

极度痛苦的刘鸿生，在最困难之时，得到了父亲好友、宁波同乡会会长周仰山的帮助，周引荐刘鸿生进入英商开平矿务局上海营业部，当上了一名煤炭推销员。他十分珍惜这份工作，事事留心，处处在意，勤奋用功。两年后，刘鸿生居然能随便拿起一块煤，就可以说出它的名称、产地、成分和特性。他常常留意哪些地方在用煤、用多少，时间、季节上有些什么变化，还考察哪些人可在购煤上起作用。功夫不负有心人，他很快成了开平煤矿在上海的业务主干，为开平煤矿打开了销路。

1911年，刘鸿生升为开平矿务（1912年以后改称开滦矿务局）买办，设立账房，赚取佣金。随后，又与上海义泰兴煤号合作，经销开滦煤，分取利润。第一次世界大战期间，他自租船只，由秦皇岛装载开滦煤运沪销售，约有三年时间赚银百万余两。从借人码头到扩建自己的码头，从单纯的接货到自租轮船运输，从经销单一的开滦煤到销售多种煤炭，经短短几年的扩张，到20世纪20年代末，刘鸿生已经是上海滩赫赫有名的"煤炭大王"了。而后的日子，人们渐渐发现"办企业成了他的嗜好"——办了轻工业、纺织业，又办重工业；办了工业，又办服务业，如码头、仓库、银行、保险等。他独资或合资设立了中国企业银行、大华保险公司、华商上海水泥公司、中华煤球公司、华丰搪瓷公司、章华毛绒纺织公司、中华工业公司和华东煤矿公司等。到1931年底，刘鸿生的企业投资已达745万余元，刘鸿生也成为全国知名的实业家。

刘鸿生是个精明的实业家，更是个热情的爱国者。抗日战争爆发后，蒋介石发来专电，邀请刘鸿生到重庆主持建立后方工业基地。刘鸿生意识到这是报国和发展事业的一次机会，他答应了。怀着对国家的期待，刘鸿生从香港来到了重庆。八年抗战期间，刘鸿生在重庆先后创办和投资了火柴厂、毛纺织厂、水泥厂等实业，以惊人的毅力和苦干精神，在几乎一片空白的土地上创造出了价值上千万元的各种产业，再次成为中国民族工业的"骄子"。

# 俞佐庭

## 上海滩上的资金拆借大王

俞佐庭（1889~1951年），宁波镇海人，中国著名的银行家，民族资本家。

1905年，宁波镇海俞范村一位16岁的少年，迈进了宁波余姚一家木行，当起了学徒。然而谁也未曾料到，20多年后这位出生于医家当木匠的少年最终却成了民国期间上海滩上的资金拆借大王，并先后担任宁波商会会长、上海总商会执行委员会主任等，他就是俞佐庭。

俞佐庭20岁那年经人推荐转行到钱庄工作，先后在宁波的慎余钱庄、慎德钱庄创业。后又转战上海，在上海的恒祥钱庄、恒巽钱庄工作。由于他在宁波、上海两地钱庄工作多年，所以建立了较好的人脉关系。在上海经人介绍，他分别认识了全国钱业同业公会理事长、上海金融业巨头、宁波慈城人秦润卿，国民党中央党部秘书长、宁波慈溪人陈布雷，上海工商业著名资本家、宁波镇海人虞洽卿。在他们的帮助下，俞佐庭开始活跃于上海的金融市场。1932年，俞佐庭被推选为上海钱业同业公会常务委员。

上海与宁波两地关系密切。当时，宁波缺少实业，钱庄的存款多于贷款，多余的资金亟须谋求出路。俞对沪甬两地钱业均甚熟悉，并深为两地钱业人士所信赖。宁波钱庄通过俞的关系，不仅将多余资金拆借到上海，而且调剂到镇江、无锡、南通等江苏一带的钱庄，促进了长江下游、江浙两省中等城市工商业的繁荣。在此期间，俞佐庭通过资金拆借业务获取了巨大的利润，不仅在沪甬两地的工商界中声誉日隆，而且为他的商业触角深入各行各业打下了雄厚的基础。

抗日战争前，俞佐庭在宁波、绍兴、杭州、上海等地投资与参股的企业和银行多达40余家，主要有宁波永耀电力公司、宁波四明电话公司、宁波冷藏公司、宁波和丰纱厂、宁波太丰面粉厂、华丰造纸股份有限公司、浙东商业储蓄银行、宁波仁和钱庄、宁波镇泰钱庄、中国通商银行、香港大新银行、上海绸业商业储蓄银行、上海四明银行、上海惠中商业银行、国泰银行、大来银行、江海银行、上海至中银行、四明储蓄会、大中银行、浙江建设银行、杭州商业银行、四明保险公司、光华火油股份有限公司、时事新报馆、宁绍商轮公司、绍兴大明电灯公司、嘉兴民丰造纸厂、上海美伦毛纺厂和协丰孟记纺织公司等。

俞佐庭积极参与社会活动。1934年，受世界金融危机的影响，各国商品在中国低价倾销，上海市场上更是充斥着洋货。为保护中国民族工业，激起国民购买国货的热情，时任上海商会执行委员会主任的俞佐庭组织上海商会30多家会员，在上海河南路桥堍天后宫开办了国货商场，配合上海全市性的"爱用国货"运动，收到了非常好的效果。在上海的影响下，杭州、南京、天津等城市也纷纷效仿，相继成立类似的国货商场。当年，他还组织上海商会有关委员起草了《统制工业条例》，其目的是鼓励同业相互合作，统一协调工业产品的产量，防止恶性竞争造成企业滞销与亏损。此条例在上海市火柴行业中首先予以试点推广，取得了一定的效果。

# 王宽诚

## 后无来者的超级货币玩家

两极系列一　纸本

王宽诚（1907~1986年），宁波鄞县人，著名香港实业家、传奇式货币投资家。

　　王宽诚早年在宁波维大鼎记面粉号当学徒。1937年起到上海发展，经营面粉、罐头、呢绒、木材等，与人合伙经营通合地产、祥泰轮船公司、中国钟厂等。后移居香港发展。其一生中最具有传奇色彩的是在香港的二次货币博弈故事，王宽诚因此在香港名声鹊起，成为巨富。

　　1941年12月25日，香港沦陷，战乱一片，侵港日军强迫市民使用由日本横滨正金银行发行的"军用票"，停止使用香港汇丰银行发行的钞票，港元顿时形同废纸。王宽诚曾问一位英国大商人："将来日军战败，英国收回香港后，汇丰银行之前发行的钞票是否还能流通？"英国大商人说："英国人最讲信誉，汇丰钞票，到时十足兑现，毫无疑问。"王宽诚经过深思熟虑，决定进行一次大胆的冒险行动，他委托有关公司，借口"为纸厂采购造纸原料"，秘密收购港元，又选择坚固库房派人日夜守卫，时间长达三年之久。王宽诚以废纸价格换得的巨额港元究竟有多少，至今仍是个谜。

　　不出所料，1945年8月15日日寇投降，汇丰银行很快恢复营业，之前发行的港元恢复流通，但库存的现钞竟一时不够供应，新钞又来不及印刷。此时，王宽诚将他这几年收购的巨额港元趁机出手，购买大量物资，立刻成为富豪。汇丰银行见状，大为震惊，董事会派人与王宽诚谈判，最终只能以本行股票换取他手中的港元，并聘请他为董事才把此事摆平。一家上百年的国际大牌银行不敌宁波人的远谋。当时有国际和香港舆论认为，香港沦陷三年半，最大的赢家是王宽诚。

1949年初，上海及江南部分地区已获得解放，很多人担心解放军会收复香港，香港因此人心浮动，港元大幅度贬值。王宽诚认为财神驾到，机会再次来临。经过上次沦陷期的港元运作，当港元再次乏人问津之时，他果断出手大量购进。不久，人民政府对香港声明：尊重历史和维持现状。香港日趋稳定，港元随之逐渐回升，王宽诚却趁机大量抛出，瞬间又增加了巨额财富。在两次"货币战"中均获胜利，轰动全港。

王宽诚对于地产的判断同样具有敏锐的战略眼光。抗战胜利前，他调集大量资金进入上海，购买江西路上的汉弥顿大厦、广东路上的另一大厦等多处房产。抗战胜利后，上海地皮与房价一路猛涨，王宽诚赚得盆满钵满。1947年王宽诚来到香港发展，当时香港的地价大大低于上海，但他认为香港今后的作用和地位将会越来越重要，于是，1948年他从各种渠道募集资金，在香港新界购进一大批地皮。一年工夫，1949年初，几十栋高楼便拔地而起，定名为"海国公寓"。此时，恰逢全中国即将解放，国内大批官僚、富商纷纷迁往香港，"海国公寓"正迎合他们的需要，一时间香港房价暴涨，王宽诚因此又获巨额利润。

机会对大家来说都是平等的，而且往往大危机蕴藏着大机会，但如果没有深谋远虑的超人智慧和敢于冒险的实践精神，就无法功成名就。

王宽诚一生勤俭，他说："把财产留给子女是最愚蠢的事。"新中国成立后，他为祖国建设和人才培养作出了巨大贡献，接连被选为香港中华总商会会长、永远荣誉会长等。紫金山天文台发现的4651号小行星，命名为"王宽诚星"，以示对他的纪念和敬重。

# 现代金融服务篇

篇前语：

本篇从不同维度，在将宁波与国内外的比较中思考耕田、港口、城市建设、老产业改造、高新技术、海外投资、农村理财、汽车金融、科技金融、互联网金融、消费者保护等问题。虽为只言片语，要素有限，但意在为读者提供观察产业与金融共生共荣的辩证视角。改革开放以来，金融业为全社会的高速发展提供了有力的支持，伴随着产业的不断演进，金融业的创新探索和服务升级从来没有停止过。由人口红利转向制度红利，是中国下一个改革开放期的希望所在。金融业能否再次实现跨越式发展，将取决于能否突破「存款立行」的旧理念，从「生为存款而生，死为存款而鬼」的怪圈中解放出来；取决于能否建立「普惠金融」的战略服务体系；取决于一代专业化金融人才的培养和他们的脱颖而出。

# 追求艺术级别的专业化金融服务

　　19世纪中叶，为了抗衡城市中的大小银行，欧洲兴起了"农村合作制金融热"，先在德国，后来在意大利、西班牙、法国等地流行起来，"五四"运动后开始传入中国。然而，荷兰人不断改进合作金融体制，并于1973年创立了荷兰合作银行。针对荷兰是个大牧场的国情，该行放弃传统银行的经营思路，以做农业、农机、食品产业链的客户为自己的经营定位。在荷兰本土，通过近300家成员行，控制了全国约90%的此类金融交易。不仅如此，该行还从各国广招贤才，提供全球视野的产业评估报告与技术支持，并通过一系列复杂的公司股权设计，与全球优秀的专业金融服务商合作，具备了为此类产业链提供顶级贸易金融、租赁、担保、风险投资、私人银行、保险等专业金融服务的能力，现已成为全球首屈一指的农业与食品领域的金融领袖，在35个国家和地区拥有超过250家的分支机构。2012年荷兰合作银行总资产高达7 524亿欧元，全球排名约25位，连续20多年获得标准普尔、穆迪的AAA评级。

　　中国一家全国性民资银行，从2006年开始，在专业化方面进行了尝试，建立了地产、能源、交通、冶金、现代农业、贸易、文化、金融市场八大事业部制，2012年该行1/3的利润由八大事业部贡献。然而，这些事业部很少开展传统意义上的贷款，而是站在被服务者的立场，从全产业链的视角，通过跨区域、跨银行业态的各种金融组合，为企业精做"财务安排"，主要是投行业务，将企业资金的利用率和利益最大化。这种专业级运作不仅已开始脱离传统银行的"利差获利"模式，接轨于国际金融业，更是受到了社会的好评，将给予传统银行强大的生命力。

随着中国资本市场的不断开放和互联网金融的深入，国内传统银行业的组织架构和盈利模式将受到严重冲击。中国人民银行的统计数据显示，在社会融资总额中，银行贷款所占比重已经从2002年的92%下滑到2013年上半年的50%。2013年7月20日，中国人民银行宣布，取消金融机构贷款利率最低0.7倍的限制，由金融机构自主定价，"金融脱媒"势不可当。在不远的将来，那些利润微薄、专业性不强的传统银行业务或被蚕食，或被外包，只有具备极强专业性的核心银行业务，因为专业细分、技术复杂且最能赚钱，才会被紧紧地掌握在银行业的精英手中。传统银行业只有通过加快轻型化全渠道建设、重塑客户关系及营销管理、加大跨界创新和平台拓展，才能迎接新一轮网络金融革命的考验。蒋经国先生曾有句名言："人在行进时，转弯最重要！"未来金融界的胜出者属于主动转弯的改革者！

近10年来，中国新增加的各类银行机构其数量堪比之前翻了一番，银行类机构"遍地开花"，行业竞争十分激烈。但是，以专业金融品牌闻名全国用至全球的却是凤毛麟角，绝大部分银行的服务思路和服务能力被传统的"存、贷、汇"绑架，成为存款的机器，出现季末、年末比拼存贷款规模的"奇葩"现象，这是急切近利价值观在中国银行业的集中反映。随着中国国际化进程和科技革命的不断推进，这一商业模式已无法适应中国经济日新月异的转型要求，中国银行业转型迫在眉睫！

　　希望更多的中国金融服务商认清利率市场化和人民币资本市场国际化的大趋势和业态演进的历史规律，把脉专业方向，精心储备核心技术团队，以专业精神服务于社会。

# "耕田危机"你知道多少

早在1996年，联合国开发计划署、联合国粮农组织与中国政府合作完成了《中国土地的人口承载研究》，该研究指出中国必须保持1.2亿公顷（1公顷＝15亩）的耕田才能保证中国人口正常的粮食供给。中国18亿亩"耕田红线"来源于此。

民以食为天，粮食安全是国家的战略安全，但工业化与城市化蚕食了大片优质耕田。就浙江省而言，本来就是"七山一水二分田"的地貌结构，耕田面积只占全国的1%，为极度稀缺的宝贵资源。浙江省耕田面积由1982年的5 156万亩锐减至2012年的1 922万亩，30年时间内，数千年形成的耕田被消耗了63%；然而，全省常住人口却由1982年的3 888万人增加至2012年的5 477万人，人口反而增加了40.8%。一个省，人口增加了1/3多，而耕田却减少了2/3，"耕田危机"绝非危言耸听。

"耕田危机"不仅表现在数量的减少上，而且还体现在质量的减退上，主要问题是耕田被过度利用，最终将提前结束其耕种使命，主要表现在以下几个方面：不重视用养结合，使土壤中的有机质含量变小，吸附营养物质的能力减弱，耕田退化；不注重灌排结合，造成盐分在土壤表面的积累，导致土壤

仿平安起居图
纸本 49cm×118cm

盐渍化；过度抽取地下水，导致形成巨大的地下漏斗；农药、化肥、污水、垃圾等物质对土壤造成环境污染，目前全省受污染的耕田占耕田总面积的1/10以上。并也是造成浙江主要河流和近海海域严重污染的主要因素之一。

　　针对这一全国性现象，国家制定了一系列保护耕田、改良耕田和减少耕田灭失的政策。据统计，全国每年因自然灾害损失的耕田为耕田总量的3%~4%，其损失约占当年全国GDP的3%，这是一个非常大的数字。为此，保护耕田，提升农业有效产出是中国长期的国家战略。这必将催生一系列为现代农业服务的庞大产业群，如利用工程技术和生物技术还林还草、利用高分子薄膜技术改善农村人畜饮水、利用滴灌技术改善缺水农田的耕种条件、利用GPS技术制造现代化农机具、利用气候遥感技术预测农牧业收成等。所有这些方向上的产业，都应该成为金融机构优选的对象，全力给予扶植。

此外，随着农村人口的增加，按中国的风俗习惯，土地将被更加细分，不利于现代农业的集约化经营。在日本，官员、教授称其为次郎、三郎的居多，很少称其为太郎，那是因为日本的传统风俗只是将土地传给太郎，太郎要负责父母的养老，这在客观上起到了保护土地不被分割的作用。

鉴于这些因素，在中国搞农业就显得更为艰巨与重要。不要以为粮食不够可以进口，全球可供交易的粮食约为2亿吨，不到中国年需粮5亿吨的一半，当中国大量购买时世界粮价必然飞涨，而且不一定买得到。如果粮价出现波动，物价必然出现波动，直接影响到社会稳定，所以国家专门成立了中国农业发展银行，从宏观金融层面予以调控。

中国农业发展银行宁波市分行将信贷支持延伸到粮棉油产前、产中、产后全过程，2012年储备粮油贷款同比增长31%，支持轮入各级储备粮2.5亿公斤，调购粮食7亿公斤，为宁波市保供应、稳物价、控通胀，发挥了政策性银行的重要作用。

　　同时，该行大力发展以新农村和水利建设为重点的农业农村基础设施中长期信贷，定向、定点、定量支持新农村建设，推进城乡统筹发展和"三化"同步，重点支持了市本级和慈溪、余姚、奉化等地农房改建和土地整治等8个省级、市级重点建设项目，支持新建农居房6 100套，新增住房面积100万平方米，支持海塘围垦6万亩，整理新增土地2 000亩。积极支持以农田水利建设为重点的水利建设项目，支持纳入中央、省及宁波市级规划的农田水利建设、病险水库除险加固、江河湖水系治理、重点水源工程建设、农村饮水安全、水土保持和水生态保护等涉农民生水利项目。重点支持了姚江干流治理、象山上张水库建设等项目，支持全市增加水库库容2 362万立方米，改善灌溉面积5 000万亩，重新整治河道14公里，两岸堤防整治27公里。支持农村新建公路45公里。

　　如何利用好山林资源是农业的重要课题。农业银行宁波市分行大力支持农村集体林权制度改革，促进林业和农村经济可持续发展，如支持浙江滕头园林股份有限公司在浙江、福建、安徽、湖北、山东、陕西等六大园林苗木基地种植各类花苗4万多亩，该行以林权抵押形式为其提供2亿元授信。

　　希望更多的金融机构在保护耕田、退村还田、盘活土地、提升土地利用效率，以及制止乱建开发区、耕田闲置等方面发挥金融杠杆作用，为中国农村的耕田开发利用提供优质高效的全流程金融保障。

# 建设美丽乡村 培育职业农民

家住浙江省余姚市临山镇的老农陈庆尧专门种植榨菜，承包菜田120多亩，总投入120多万元。缺钱的时候，他首先想到的是问亲戚朋友借："听说银行贷款要担保，要抵押，还要跑上好几趟才能批下来，我不认识字，连名字都写不好，太麻烦了。"

村干部告诉他，余姚农村合作银行有个"道德银行"可以贷款，他符合条件，不用担保。他就抱着试试看的心理报了名，没想到成了"道德银行"的首批客户。在准备了身份证复印件、创业项目和贷款申请之后，只签了个字就贷到了5万元。

余姚"道德银行"是2012年起由余姚农村合作银行与余姚市委宣传部、市文明办等部门联合推出的一项扶持农村创业者的项目。根据道德积分的评定标准，只要农村创业者的积分高于80分，创业项目通过审核，不用抵押、担保，就可以贷款，最高可贷款50万元。到2013年6月末，道德积分评定和创业信用贷款发放工作已在该市57个行政村试点推广，共有439户农户通过"道德银行"获得信用贷款，贷款余额达2 307万元。全国道德教育组织委员会专职副主任魏良鹏评价说："'道德银行'这种将道德积分纳入行业信用体系的做法在全国极为少见，有很强的推广价值。"

浙江省象山县石浦镇蛟龙村是象山农信联社信用村的试点单位。开办"村民集团授信"业务以来，通过"村评议小组+村支农联络员+信用社"的服务模式，信用社贷款资金打包由信用村的村民自行管理，村民凭借村委会的一纸村民贷款推荐书就能在信用社贷到款，并且可以享受利率优惠、额度保证等"绿色直通车"服务。自2009年以来，已在全县58个村推广，贷款总授信2.5亿元，发放贷款2亿元，并将该模式成功"复制"到农贸市场、日杂百货商会、水库移民等各个领域，受到当地农户、个体工商户的普遍欢迎，迄今未发生一笔不良贷款，该服务模式在国内也十分罕见。

宁波向海而生，倚港而兴，经济发展中流淌着蓝色血液。有海就有鱼、有渔船，也就有渔民对贷款的需求。邮储银行宁波分行推出渔船抵押贷款，以贴近渔民需求、利率优惠透明等特点广受渔民欢迎。截至2013年6月底，该行累计发放渔船抵押贷款3 965笔，累计金额21亿元。

农民职业化、农业产业化、城乡一体化是宁波"三农"发展的战略基点。宁波市农信系统和全市各类金融机构采取多种办法，为宁波新农村建设提供金融支持，上述几个例子只是代表而已。

慈溪农村合作银行积极支持农民职业化。以种养殖大户、贩销大户和合作组织带头人为重点，促进农户专业化生产、规模化经营、企业化管理；引导农村党员干部、大学生"村官"、农村能人、返乡能人带头创业；支持农村党员、青年、

陌上桑　纸本　58cm×220cm

妇女、大学生"村官"等各类创业主体开展规模化生产经营，加大支农创业贷款的有效投放。

北仑农村信用合作联社支持农业产业化。结合现代农业园区建设，加大对现代农业示范区、农业主导产业园区、农业精品园区以及特色农业示范基地的支持力度；加大对设施农业、精细农业、有机农业等高效生态农业的支持力度；扶持了一批影响力大、服务能力强、带动农民增收作用明显的农业龙头企业和农民专业合作社；利用信贷杠杆，推动村镇商贸、休闲农庄、生态旅游、公共服务、现代物流、连锁经营、农业科技等农村现代服务业的发展。

镇海农村商业银行致力于镇海城乡一体化建设。大力支持农村基础设施，中心镇、中心村以及村庄整治；对农田水利、耕田复耕、农村饮用水等项目积极参与；同时，针对农民住房建设、农民安居工程建设，以及为了改善农民生产、居住条件，推出一批专项金融服务。

宁海县农村信用合作联社努力推广农贷新产品。推出了海域使用权、林权抵押贷款和农机具抵押贷款，青年、党员、妇女、大学生"村官"创业贷款，并实现了集体土地房屋拆迁补偿权质押、应收账款质押、排污权质押、专利权质押等新型抵质押方式，缓解农村抵押担保难问题。

拿起手中的银行卡或存折，在机器上轻轻一刷，不仅可以存取款，还能转账消费。这样的场景以前只有在城里的自助银行才能见到，如今，在地处偏远的宁波四明山区鹿亭镇白鹿村，也能轻松实现了。

"我叫冯开凤，今年62岁，一直住在四明山区。山区啊，什么都好，就是存钱、取钱不方便。记得前年，我过60岁生日，我的女儿、儿子都孝敬了不少钱，我整整齐齐地用红纸包在床底下，结果一半被老鼠咬了，后来我坐了一个多小时车到梁弄镇上的银行去存，说是什么残损币，一下子就少了1 000多元，心疼啊！后来邻居告诉我，村里就可以自己存钱了，还有人会帮助你的。我想着也就几百米远，就走过去看看。刚进门时看到这机器，冰冰冷的，就想打退堂鼓了，想着自己一把年纪，又笨手笨脚，如何搞啊？好在白鹿村妇女主任、余姚农村合作银行助农联络员陈巧珍三下五除二就帮我存好钱了。现在看这机器，老老亲切了！"

截至2012年底，浙江省农村金融"最后一公里"工程建设取得了较好的成就，建成村级金融互助点1万余个，投放金融自助设备744台，全省96%的村实现了金融服务覆盖，这将对全省的新农村建设提供强有力的支持。

陌上桑（局部）

# 农村理财　出乎意外的市场机会

宁波有一句谚语叫"三天不吃咸菜汤，脚骨酸汪汪"，其中鄞州邱隘的雪里蕻咸菜最有名气。一天，家住邱隘邱一村的赵大伯，早早起床，但他不是去下地种菜，而是去忙碌他的出租房。他将自己和亲友闲置的房子整理后隔成40余间，出租给来宁波打工的江西、安徽、四川等地的农民工，每月每套收取150~300元不等的房租，一年下来也有近10万元的收入。但随着城市的扩建，原来的出租房全部被征用了，不过他却从政府拆迁中获得了1 200多万元的赔偿金。

据了解，鄞州区不仅农民得到的赔偿多，各村级合作社的土地拆迁赔偿款也不少，规模已经达到了50多亿元。由于各村级合作社缺少较完善的治理结构和专业的管理人才，资金使用方法不一，不仅存在操作上的道德风险，而且资金安全性和收益性都得不到保证。

鄞州的情况并非个案，在宁波江北、北仑、镇海等市郊，被征地的农民获得的赔偿金数额巨大，当地村级经济资金积累也相当丰厚，从而使乡村干部成了各家商业银行争相巴结的座上宾。

离宁波稍远的象山县拥有各类渔船3 000余条，主要集中在石浦、鹤浦、高塘等乡村，当地的渔民每年均可以享受到中央财政为其拨付的渔船燃料油补贴，2012年达到8.6亿元。渔民不仅能从捕鱼中获得收益，而且还能得到中央的补贴，旱涝保收，也相当富裕。

近年来，中央和各级政府不断加大对"三农"的支持力度，农村金融的繁荣程度已经超出人们的想象。统计显示，2010年、2011年、2012年三年间，浙江省81家农村合作金融机构当年新增储蓄额占浙江省工行、农行、中行、建行四大行新增储蓄额之和的比例分别是70%、106%和109%，2013年上半年更是跳跃式地达到了172%，逐年递增态势非常明显。究其原因，主要是城市居民大量购买各类理财产品，传统的储蓄模式萎缩，再加上支付住房按揭贷款，导致城市居民新增储源减少；而农村地区则由于近年来的拆迁补偿，传统的"存钱防老"观念以及农村理财市场未能普及等因素，储蓄资源比城市更加丰富。

早在2007年，鄞州农村合作银行就推出了面向农民的"富利宝"理财产品，资金投向以混合债券、票据、优质信贷资产为主，首期1 000万元，认购起点5万元，10个月预期年化收益率为3.3%，被抢购一空。目前，宁波的大多数农村合作信用联社已经开始定期发售理财产品，如北仑农村信用合作联社2012年发售多期"丰收·信福"理财产品，期限从90天至280天，预期年化收益率从3.2%至4.5%不等，广受农民及农民工的欢迎。

农业银行宁波市分行积极配合鄞州区政府集中管理村级合作社资金工作，设计了村级合作社资金集中管理方案，利用现金管理平台，探索村级资金自动划拨、分类核算等服务，同时

两极 系列二 纸本

根据村级合作社资金的流动性需要，匹配不同期限的理财产品。

当中国的农民不再满足于传统的储蓄，而更多地希望"钱生钱"之时，中国时下的金融机构显然准备不足，从而也造成了农民只能投资房地产，或热衷于家族亲友间的高息融资，更甚者参与"地下钱庄"、沉迷于博彩。这不仅严重败坏社会风气，同时也酝酿着较大的农村金融风险，所以对农村理财市场的建设意义重大。

建设农村理财市场，首先应改善农村金融理财环境。涉农金融机构应积极利用现有网络资源，探索符合现代农民需要的理财业务，建立健全农村理财的营销、风险和技术支持体系，在农村乡镇建立理财中心，提供"农民理财顾问"，加强理财产品的宣传和风险提示。其次，设计适合农民的理财产品。充分考虑城乡差别，针对农村居民的经济、生活和金融知识水平，开发操作简单、风险较低、收益稳定、方便赎回的理财产品。应针对农民目前关注的子女上学、住房建设、养老问题帮助其制订家庭理财计划、建立家庭资产档案、传导理财投资信息，使农民排除恶性负债，控制良性负债，理性选择投资方式。

　　商业银行对城市理财市场的开发已逐渐步入成熟期，下一个突破点正是目前尚未得到重视，却有着广阔前景的农村理财市场。无论是金融机构自身开拓市场，还是为农民兄弟提供更多、更好的增收渠道，都需要金融机构以全新的视野去研究开发中国农村的金融理财市场。

# 银团贷款与金融市场发育

　　各国银行法很少允许一家商业银行对同一借款人的贷款数额超过一定比例。中国银监会发布的《商业银行风险监管核心指标（试行）》规定，单一集团客户授信集中度为最大一家集团客户授信总额与资本净额之比，不得高于15%；单一客户贷款集中度为最大一家客户贷款总额与资本净额之比，不应高于10%。所以，为了满足重要客户对大额贷款的需求，同时又能使银行不违反法律规定，银团贷款成为国际上商业银行一种重要的融资模式，具有资金聚集、专业互补、市场自律、风险分散、优化结构等多重优势。

　　根据彭博社（Bloomberg）提供的统计数据，全球银团贷款融资额从1995年的1.4万亿美元发展到2012年的3.1万亿美元。截至2013年上半年，银团贷款市场按地区划分，美国占84%，欧洲占7%，亚洲占6%，其他地区占3%。其中，JP摩根、美国银行、花旗集团、富国银行、巴黎银行位于全球银团贷款承销量前列。另据汤姆森金融公司（Thomson Financial）统计，从1995年到2012年，银团贷款超过债券和股票融资。以2000年全球资本市场发行为例，银团贷款当年承销额为2.3万亿美元，是公开市场债券（1.26万亿美元）的1.8倍，是公开市场股票发行

（0.701万亿美元）的3.3倍。

国际银团贷款大约经历了三个发展阶段。20世纪60年代至80年代中期为第一阶段，这一时期银团贷款的主要特征是支持基础设施建设的项目融资，以发展中国家和欧洲国家的公路、电力、石化、通信等城市基础设施建设为重点。如1981年全球承销银团贷款1 376亿美元，占当年国际资本市场长期贷款融资额的47%。

20世纪80年代中期至90年代末为第二阶段，这一时期银团贷款的主要特征是参与各种并购杠杆的融资活动。这一时期美国高倍杠杆融资的复苏及高收益债券市场的重新开放，使得国际银团贷款市场再次火暴，1999年美国电报电话公司发起了创纪录的并购交易，融资额高达300亿美元。

20世纪90年代末至今为第三阶段，主要特征是以资产证券化和贷款交易二级市场为主的金融创新活动，进一步促进了传统银团贷款市场与新兴资本市场的融合。由于大量银团贷款的沉淀，银行业殷切希望增强银团贷款的流动性，灵活管理贷款的投资组合。为此，美国、欧洲和亚洲分别成立了机构银团及贷款转让协会、贷款市场协会、亚太贷款市场协会，仅1999年受转让的银团贷款就高达580亿美元。

中国早在民国时期就出现过银团贷款合作。如抗战前几年，为了修建具有战略意义的浙赣铁路，当时的浙江兴业银行、浙江实业银行、上海商业储蓄银行、江西裕民银行等联合组建银团，融资额占了全路总建筑费用的60%。又如，新建钱塘江大桥，由浙江兴业银行牵头，中国银行和浙江实业银行组成银团，这两项工程都赶在抗战爆发前建成，为抗日战争的国防调动发挥了重要作用，民族银行所提供的银团贷款功不可没。

新中国成立后，第一笔本外币的银团贷款是1991年由工行上海分行牵头组织的上海东方明珠电视塔项目银团贷款。根据中国银行业协会银团贷款与交易专业委员会的统计，2005年末中国银行业银团贷款的余额只有0.23万亿元，约占对公贷款余额的1.72%；到2013年3月末，61家会员单位银团贷款的余额为3.96万亿元，占对公贷款余额的比例上升为9.38%。其中，国家开发银行、中国工商银行、中国建设银行等银团贷款承销量大幅提升起到了较大作用。

江苏省2009年出台了《关于推进江苏银行业银团贷款发展的指导意见》，规定省内融资总额超过12亿元的单一基础设施项目或融资总额超过10亿元的非基础设施项目拟授信银行必须组织银团贷款。至今，江苏省银团贷款占比已超过其对公贷款余额的11%，从而使江苏省在大额的高新技术产业项目、城市基础设施项目和城乡一体化建设项目方面取得了较大的进展。截至2012年6月末，浙江省全省银团贷款余额为1 100多亿元（不含宁波），占全省对公贷款余额的比例不到3%，低于全国平均水平。在创新银团贷款品种方面，有分组银团、附带转让安排银团、"存量重组+增量发行"银团等，支持了杭州地铁、杭新景高速、衢州低丘缓坡整治工程、舟山保税港区、大唐江山热电联产等项目。

宁波市银监局提供的数据显示，2013年6月末全市银行业银团贷款余额为488.2亿元，占全市银行业对公贷款余额的比例为3.8%，在支持城市基础设施建设方面发挥了较大的作用，如杭州湾跨海大桥、宁波轨道交通一号线和二号线、象山港大桥、宁波火车南站枢纽项目、北仑春晓区块基础设施项目、东钱湖清淤疏浚等项目。

但是，从总体上看，目前国内银行业银团贷款的发展水准仍停留在国际银行业银团贷款发展的第一阶段，与发达国家银行业银团贷款占比在20%以上相比，在银团贷款转让、银团资产证券化、银团贷款风险评级和银团贷款的标准化方面存在较大差距。由此看来，国内银团贷款的进一步繁荣与发展，有待于国内金融市场的综合配套改革。

我国已认识到如要进一步发展银团贷款，就应建立和培养不同形式的金融市场，尤其是加快信贷资产证券化，并将银团资产证券化放在优先位置。根据中国银监会提供的数据，国内第一轮信贷资产证券化已于2013年第三季度启动，转让规模达900亿元。2014年将进一步扩大试点范围和规模，方向是选择期限较长、收益稳定的优质资产实行证券化，安排规模约为4 000亿元。

国家开发银行宁波分行是宁波地区银团贷款的最大牵头行，已累计发放银团贷款1 000多亿元。工商银行宁波市分行、建设银行宁波市分行牵头组建的大额银团贷款，也为宁波市重点工程建设作出了很大的贡献。但是，宁波银团贷款从总体上看，其组团率和银团合作的管理水平均有待于提高，寄希望于参贷行通过友好协商，进一步优化银团贷款的管理水平，各行提出的建议有：

完善合同文本。由于部分银行的银团合同文本中，对牵头行和代理行的权利、义务约定比较模糊，导致牵头行、代理行在后续的合同执行过程中未能尽到相关职责，如存在代理行不履行贷款发放义务的现象。在贷款定价方面，没有形成随行就市的谈判约定。

及时披露信息。银团实际操作中，代理行需要履行代理职责，和借款人保持顺畅的沟通渠道，及时向各参加行了解贷款规模安排情况，成员行在业务协调方面还需进一步提升信息披露的质量。

提升管理能力。银团贷款操作过程中，需要牵头行或代理行具有一定的协调筹划能力，满足客户贷款使用需要，同时承担应有的监管责任。部分牵头行或代理行出现贷款发放不及时、监管不到位现象，影响了银团贷款的声誉。

规范使用资金。实际操作中，部分参贷行从存款角度考虑，将自身发放的贷款存于借款人在本行的贷款账户，不及时划拨至代理行，或者为规避"实贷实付"要求，将贷款资金划拨至代理行后，即要求代理行将全部或部分贷款划回本行账户。

建立推进机制。银团贷款二级市场尚未形成，规范、灵活、透明和标准的银团贷款二级市场尚未建立，分销、回购和资产证券化等手段严重匮乏，银团贷款的快速、高效流动难以实现。缺少第三方协同机制，除银监会、银行业协会相关制度文件外，银团贷款的"窗口指导"、规范、监督、约束等工作有待强化。

探索发展模式。受外部市场环境制约，大多数客户尚不能完全接受国际惯用的银团贷款方式，银团贷款收费惯例在宽松货币形势下难以维持；银行缺乏自律，宽松货币政策下的激烈竞争与从紧货币政策下的组团银行违约并存；受金融产品和服务模式约束，在支持建设期较长的重大项目建设时，中小银行受资金和规模约束而无法达到银团贷款期限要求。如何在符合监管要求的前提下创新银团运作模式，是争取更多银行参与银团贷款市场的重要课题。

# 从"全球港口吞吐量第一"说起

经过几十年的建设，宁波已经成为华东地区工业、商业、运输、通讯、旅游等方面的重要中心城市。凭借天然港口的良好条件，港口基础设施日益完善，现已开通国内外航线240余条，其中国际远洋干线120余条，拥有包括可靠泊40万吨级的各种泊位码头200余个，2012年宁波—舟山港货物吞吐总量达7.44亿吨，超越上海港，首次荣登"全球第一大港"宝座，这是一个非常了不起的成就。

但是，我们应如何看待这一"荣誉"数据？目前，宁波处在工业文明的什么阶段？宁波在中国城市分工中的地位将如何更加优化？如果有一天，宁波能够拥有部分国际航运定价权、国际大众商品定价权，那么这才是现代国际社会的真正荣誉。因为宁波港毗邻上海港，所以宁波港的发展似乎更难。但是，笔者有意将著名的美国纽约港与波士顿港的发展轨迹简单作一比较，也许能给宁波港今后的发展带来某些启发。

纽约与波士顿相距300多公里，同为面向大西洋的美国港口城市，19世纪20年代之前，这两个城市的总体发展规模不相上下，从某种程度上说还是波士顿更为繁荣发达，更具有文化凝聚力，因为它是离欧洲最近的美国口岸，源源不断地吸纳着来自欧洲的创业者。

从纽约港成长的历史看，其经历了一个漫长的发展过程。纽约港1618年由荷兰人建立，后为英国人经营。由货物港口吞吐，到港口、内河、铁路、航空联运，兴起港口工业带，再带动城市及所属区域的兴起与繁荣，而真正让纽约港崛起的是1825年建成的584公里长的伊利运河，运河将美国东海岸与西部内陆五大湖区连接起来。许多拓荒者经运河进入密歇根、俄亥俄、印第安纳、伊利诺伊等州，从这些地方运回农产品到纽约上市，回程满载工业品和物资去西部，运输成本却比原来节约了90%，从而使西部大量的农产品远销世界。1800年全美只有9%的商品通过纽约港进出，而到了1860年全美有超过60%的商品从纽约港进出，由此奠定了纽约港全球航运交通枢纽和欧美交通中心的地位。伊利运河的开通还使纽约的人口出现了爆炸式

吉光片羽绢本局部

的增长。1820年纽约与费城的人口相当，均为12万人左右，而到了1860年，纽约人口已经超过100万人，而费城只有纽约的一半。如今，纽约港早已退出世界吞吐量排位，却留下了世界金融中心——华尔街（一条556米长的街道，拥有2 200多家金融等机构），留下了联合国总部，留下了近1／10世界500强的总部，留下了百老汇大街，留下了哥伦比亚大学、纽约大学、西点军校等著名学府，留下了全球170种语言在一个城市共谋发展的"世界精英公民"。纽约，是世界港口城市发展的楷模。

波士顿港的发展走了一条不同的道路，也曾经经历过港口经济与制造业经济的时期。19世纪初期，由于波士顿是美国距欧洲最近的门户港，因此海外贸易极为鼎盛，向欧洲大量出口朗姆酒、海产品、食盐和烟草，成为当时世界上最富裕的国际商港之一，但自1825年开通伊利运河后，波士顿港的港口地位

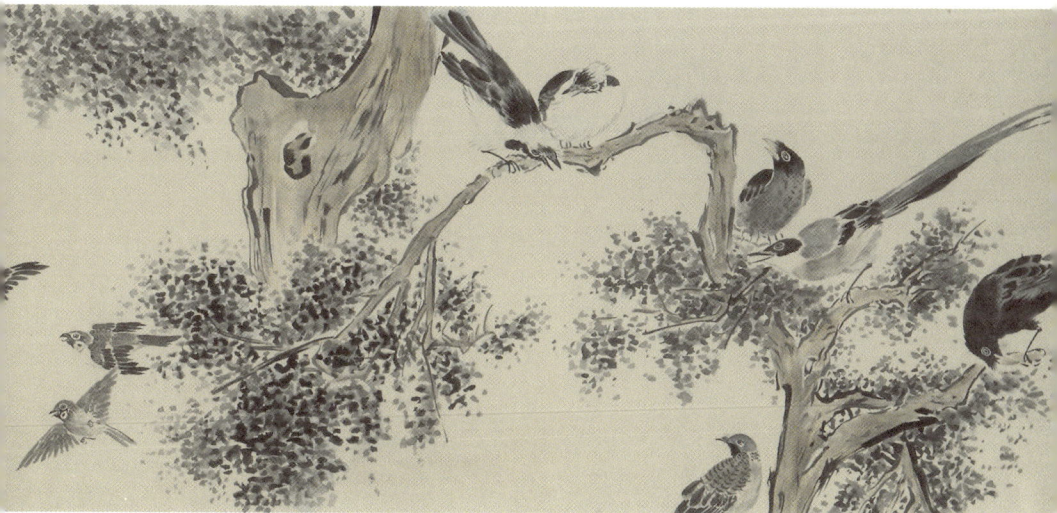

逐渐下降。到19世纪中叶，波士顿的制造业压倒了国际贸易，直到20世纪初，波士顿仍然是美国最大的制造业中心之一，以轻纺产品和机械工业著称。20世纪中期由于工厂陈旧老化，开始衰弱，工厂纷纷迁往劳动力更低廉的内陆地区，从而使波士顿经历了长达30年的经济低迷时期。经过痛苦转型，最终波士顿以文化作为转型引擎，并著称于世。

大波士顿地区不仅有哈佛大学、麻省理工大学、波士顿咨询公司、波士顿交响乐团等享誉天下的大牌文化机构，也是全美教育最集中的地区。波士顿大都会拥有100多所大学，这一现象的存在是有其历史渊源的。17世纪30年代，来自英国的清教徒移民创建了波士顿，波士顿的居民中绝大多数是忠诚的英国清教徒。当时的殖民地统帅约翰·温斯罗普曾发表过一篇著名的布道词，题为"基督徒慈善的典范"，认为波士顿与上帝之间存在着特别的契约，清教徒的道德规范在波士顿塑造了一个极端稳定、结构良好的社会，是清教徒在1636年创立了哈佛大学，而140年后的1776年，美利坚合众国才成立。如今，波士顿已经成为全球著名的智力、技术与管理思想的中心城市，走出了一条与邻近城市纽约不同的繁荣道路。

上海与宁波也相距300多公里（不走杭州湾大桥），历史上宁波的开埠时间远比上海要早，唐代时已成为"海上丝绸之路"的起点之一，与扬州、广州并称为三大对外贸易口岸。而上海的开埠时间为清晚期，英帝国主义强迫清政府签订《南京条约》，把上海列为五口通商口岸之一，至今也就170多年的开埠历史。然而，上海成为亚洲中心城市之一的重要原因，是当时的英国人看准了上海的地理位置，即亚洲第一大河——长江的入海口，通过长江可以深入到中国的中西部腹地。而宁波的甬江，最多也只能涉及浙东的部分地区。所以，自上海开埠后，宁波港的地位便日益萎缩，造成宁波大量工商实业资本投入上海创业，凭借宁波人的聪明和经商头脑，渐渐形成了著名的"宁波帮"。

从上述纽约与波士顿、上海与宁波两组城市历史发展的轨迹来看，宁波将面临城市转型的又一个历史时期，全社会都要对此有高度的认识，借鉴中国香港、新加坡、迪拜等先进国际港口城市的成功经验，努力完成一项巨大的系统转型工程。

国际港口城市历来是金融国际化的先行先试桥头堡，纽约自不必说，属于世界金融中心，波士顿则是全球共同基金、私募基金的研发基地，在哈佛大学内建有全球私募基金学院。

宁波要真正吸引跨国公司总部和世界500强企业入驻，引进更多国际资本加入宁波物流加工企业、先进制造业等，必须突出解决与国际接轨的金融服务问题，离岸金融服务是其中重要的一环。离岸金融业务是指银行吸收非居民（包括境外）的个人、法人、政府机构等的资金为非居民服务的金融活动。20世纪70年代以来，各国金融监管机构为满足本国经济的国际化要求，促使离岸金融服务全面兴起，有离岸银行、期货保税交割、离岸再保险、离岸基金、离岸信托等。

事实上，国际著名的港口城市大多是"企业友好型司法管辖区"即国际低税区，如伦敦、大阪、新加坡等。如今，国际低税区版图已经扩展到全球70多个地区，而且朝着极为专业的方向发展。所以，为宁波保税区、宁波梅山港保税区提供真正国际化的保税金融服务，才是宁波金融业为宁波港口经济增值的关键。《国务院关于印发中国（上海）自由贸易试验区总体方案的通知》将为下一步国际化的保税金融服务提供极为有利的改革方向。当前，宁波市应抓紧制定离岸金融严格的保密法规、不低于周边城市的优惠税率政策和吸引国际金融人才的优惠政策等。

此外，全面提升金融服务效率与质量、提高金融自由化程度以及降低金融综合交易成本等也具有现实意义。具体而言，为港口基础设施建设、物流园、临港工业区提供多渠道融资，为港口经济的不同产业链企业提供综合金融服务方案，为涉港型企业提供组合化避险工具，为船舶贷款与租赁、运费衍生品、海上保险等提供金融保障，为港口期货市场、外汇市场设计优化方案等。只有这样，才能最终拥有"国际定价权"方面的可能。

中国银行宁波市分行推出规避收汇风险的"融信通达"产品，与梅山港保税区内的多家大型租赁公司合作，提升内保外贷、内保内贷的联动能力；建设银行宁波市分行探索"智慧港"金融服务，重点加强与港口对应的宁波大宗商品期货市场的合作，四方物流平台首家实现同行、同城与异地结算；农业银行宁波市分行支持梅山岛国际集装箱码头有限公司建设五座集装箱码头及附属设施；民生银行宁波分行通过"银港通"产品，从港口获取进出口货物货主的金融需求，为铁矿石、橡胶、棉花、石油、化工、煤炭等大宗生产资料的进口、生产企业提供全流程金融服务，现已服务临港型企业170多家和金属园区、液化市场、钢材市场、煤炭市场、货运市场等五大专业物流市场；包商银行宁波分行发挥船舶融资优势，针对船舶产业链中的船舶修造及其上游原材料供应商、下游船舶贸易企业和航运企业推出全程金融服务。

宁波金融界虽然为港口经济的发展作出了一定努力，但其服务的多样性和服务的国际化水准仍然比较单一，有待进一步增强金融智力基础的建设。

吉光片羽 绢本 局部

# 助力百年纺织　焕发青春活力

　　宁波的纺织业已有上百年的历史。1887年，上海工商巨子严信厚在自己的家乡宁波江北湾头开办了宁波近代史上第一家现代工业——通久源轧花厂，祖籍鄞县的香港著名企业家曹光彪是世界最大毛衣生产商永新集团的创始人，"宁波帮"大多是从宁波搞纺织起家的。

　　纺织服装业是宁波市的传统优势产业，产业链完整。宁波是全国最大的色纺纱生产基地、最大的针织品生产基地，拥有亚洲第一的缝纫线制造企业，帘子布生产量占全国的1/3，男装产业综合实力居全国同类城市之首。全市有纺织服装企业约4 500家，其中纺织企业约3 200家，服装企业约1 200家，化纤企业近100家，从业人员近50万人。纺织服装业是宁波市的支柱产业之一，其出口额曾一度占全市出口额的40%，具有明显的产业集群优势。产品总体已达到国际水平，大成新材料公司的军工用超高性能纤维、百隆公司的蛋白纤维、维科股份的丝网布（300孔／平方厘米）、山泉公司的雷达隐形防水透气纤维等均是拳头产品。

　　但宁波纺织业长期积累的矛盾也日渐凸显，全行业整体技术装备水平落后于国际先进水平，产品附加值不高，原创设计

兆载永劫 系列一 绢本 25.5cm×39cm

能力弱，新型纺织原料开发少，如服装面料（化纤类）与先进国家尤其是日本的差距较大，日本的化纤面料至今已发展到第五代，第一代是异截面纤维，20世纪60年代得到广泛应用；第二代是特性差别化纤维，如复合丝、加弹丝，改变手感与外观；第三代是高仿真纤维，仿真效果达到以假乱真的地步；第四代是差别化纤维，价格已经超过天然纤维，90年代得到广泛应用；第五代即"新新合纤"，在外观与穿着舒适性方面均超过天然纤维。但宁波目前还停留在第二、第三代产品，第四代产品才刚刚起步。

　　受国际贸易绿色技术壁垒的制约，近年来宁波纺织行业发展呈下行趋势，国际金融危机爆发以来，更是受到明显的冲击，行业面临着严峻的考验，但短期内仍不可被替代，供应链完整，综合制造成本在全球供应链中仍具比较优势。

广发银行宁波分行从战略高度出发，主动与市发改委、经信委联系，要求对接宁波纺织企业，寻找合作基点。经过缜密调查，该行认准纺织行业中毛绒行业的发展优势，与其中的慈溪毛绒行业协会签订了战略合作协议，为协会下属的78家会员单位提供金融支持和服务，支持企业产业升级，研发自主知识产权的关键技术，为企业发行公司债券、企业债券、中小企业集合债券、短期融资券等，拓宽融资渠道，利用出口信贷、出口信用担保等金融工具，帮助企业便利贸易融资，防范国际贸易风险。

一座城市要培养一个达到或接近国际水准的产业是多么的不容易，是几代人艰苦创业的成就。愿社会各界尤其是更多的金融机构加入到纺织行业的更新改造事业中去。

# 缤纷商业街是怎样炼成的

商业街是一个城市的标志，代表着城市的繁荣，承载着市民对生活的期盼，是无数商家的掘金宝地。然而，很多人却不太清楚其建设初期的艰难和投资可能带来的风险，政府、开发商和金融机构又是如何在幕后默默努力，以过人的胆略和超前的决策制造繁荣的神话。

到宁波旅游，当地的朋友一般都会介绍大家到天一广场看看，因为这里是宁波最繁华的商业核心区。

天一广场位于宁波市中心繁华商业街中山路南侧，占地面积20万平方米，主体建筑由22座欧陆风情浓郁的现代建筑群组成，总建筑面积22万平方米。围合式建筑群中央为3.5万平方米和6 000平方米的景观水域、喷高40米的音乐喷泉和120平方米的大屏幕水幕电影。广场集购物、休闲、娱乐、文化、旅游于一体，被誉为宁波的"商业航母"，是宁波的一张城市名片。

2000年，早已是副省级的宁波却没有一个像样的商业中心区。这和宁波蒸蒸日上的经济水平及城市地位形成了一种强烈的反差。市政府决定找一个地方打造一个宁波的中央商务区，改变城市面貌。大家都把目光投向了天一广场这个地块，但与以往城建项目全部由政府包办方式不同的是，这一次，市政府

仿写生蛱蝶图 纸本 29cm×91cm

决定成立宁波城建投资公司来经营管理。规划局采取国际招标方式，向国内外征集了四套设计方案，参与的都是一些国际著名的公司，并邀请专家进行了优选和调整。

建设初期，宁波城建投资公司打定主意，要打造一个市民休闲、娱乐的精品工程，要求中心景观广场自始至终按照规划来做，总投资4 000万元，大手笔地引进了亚洲规模最大的音乐喷泉和超大水幕电影、6棵树龄100年的加拿列海枣树，建成能容纳几万人的市民中心广场。

天一广场在动迁、建设方面创造了不少奇迹和"天一速度"，比如动迁花了不到一年的时间，一次性拆迁了3 780户居民住房和450户单位，从2001年3月12日开始停水停电，4月17日就打下了第一根桩，当年12月8日第一家商业超市乐购开业，创造了奇迹。

与建设同步的就是广场的招商工作，招商最大的阻碍在于人们对天一广场的未来没有把握，22万平方米的超大型购物中心和全新的广场商业模式着实让宁波商界甚至市内外的各大知名品牌吃了一惊，种种质疑与观望情绪困扰着天一广场的招商，许多知名品牌和商业龙头企业不愿入驻天一广场。

时任城市广场开发经营有限公司总经理的夏正宇坦言："当时广场开发公司最初一群人包括我在内对商业地产是全然不知的，如此大面积的商业广场在全国也没有一个可以借鉴的模式，纯粹是一张白纸的人去做一张白纸的项目。那种压力，现在回想起来仍然感觉很深。压力最大的时候，晚上睡不着觉。"

天一广场项目建设中遇到的最大难题是资金问题，广场总投资14亿元，仅动迁费用就高达8亿元，这在当时是一笔巨额的资金。资金不到位，说什么都是空话。为此，中国农业银行宁波市分行主动与城建投资公司衔接，对项目进行了充分的评估、论证，认为该项目对改变宁波中心城区的城市面貌、提升城市品位具有十分重要的意义，在经济上也完全可行。董事长与行长一起到北京跑贷款，一行几个人来到中国农业银行总行，用土地作抵押。事情出乎意料得顺利，一个月左右，农行总部就一次性批出了8亿元的贷款，这在农行的历史上还是第一次。2001年新年过后第一个工作日，第一笔信贷资金发放至企业账户，至2002年4月，全部贷款发放完毕。

2002年国庆节，天一广场盛大开业，当天，天一广场的客流量达到了40万人次，创造了宁波商业史上的新奇迹。

除了天一广场，宁波还有许多著名的新兴商业街区，如和义大道广场、现代国际商贸购物广场、世纪东方广场、鄞州万达广场、慈溪上林坊步行街、镇海六王商业广场、北仑君临国际商业中心等。这背后都聚集了政府、开发商、建设单位和金融机构等部门密切配合，为城市兴旺发展付出辛勤汗水的故事，当我们行进在现代化的商业街时不应忘记他们。

在329国道浙江余姚朗霞段两侧，自20世纪80年代初起，自发"集结"起了近千米长的"裘皮一条街"。这里不产一张毛皮，却是全球最大的水貂皮服装交易中心；这里没有加工"巨无霸"，却是全球1/7裘皮服装的生产基地。"不毛之地"的中国裘皮城，如今已成为中国裘皮业的"风向标"。数据显示，到2012年底，中国裘皮城拥有经营户（企业）974家，年加工水貂皮突破300万张，占全国总量的1/3以上；全年销售裘皮服装26万件，占全国市场份额的1/4、全球的1/7，成交额达15亿元。像这样的专业市场，宁波还有许多，如慈溪周巷"中国食品城"、余姚"中国塑料城"、象山石浦"中国水产城"等。

商业街与专业市场不仅是成千上万市民消费的场所，也是商家与小企业最集中的地方，因此成为金融机构服务的主要区域。各银行针对商家与小企业融资金额小、操作频率高的特点，除运用传统金融服务手段外，特别加大采用新的金融产品提供服务的力度。

余姚农村合作银行朗霞支行对裘皮小微企业及个体经营户的支持采用"协会+市场+信贷+保险+担保"等方式，至2012年底，已有400余个裘皮经营户获得贷款，余额达4.3亿元。鄞州银行的"增额贷"，房产抵押率最高可至140%，以现金流为核心，自行编制资产负债表、损益表和现金流量表，现金流越强，抵押率越高；反之，抵押率不能高于70%。

　　光大银行宁波分行与宁波塑料城、四方物流、网盛科技、钱塘有色等电商平台合作，批量为商家提供结算、融资支持和商票融易贷模式，只要是该行认可的供应商商票即可融资，无须抵押或担保。

仿写生蛱蝶图（局部）

# 汽车金融大舞台

　　2011年9月，宁波市汽车拥有量突破100万辆大关，2012年底达到了124万辆，可谓高歌猛进。如按宁波市常住人口计算，已达每百人18辆，而按联合国有关标准，每百人11辆就算进入"汽车时代"了。2012年宁波市GDP总量为6 525亿元，人均1.35万美元，这是一个消费高速升级换代的时期，将进一步刺激住房、汽车、旅游、出国留学等消费市场的发展，汽车消费是其中的一项重要内容，按发达国家的标准，其交通工具类市场的开发和挖掘才起步不久。

　　为了能让读者了解欧美汽车金融市场的相关情况，笔者将美国一家著名的大型银行（以下称该银行）的汽车金融服务做一个介绍。

　　在美国北卡罗来纳州的一个小镇上，有一个400多人的汽车经销商金融服务中心，属于该银行零售业务部下属的批发金融部。至2005年底，该中心服务于3 500个汽车零售经销商、800个汽车批发商，贷款余额近60亿美元。然而，按美国提供汽车贷款的银行排名，其只能排到第10位。

　　该银行从1945年起开办汽车消费信贷业务，始终以汽车经销商为龙头，综合办理经销商金融业务、个人汽车信贷和企业单位汽车信贷业务。该银行经销商金融服务中心还是美国少数民族汽车经销商联合会成员，这个组织有700个成员。通过这个组织，满足了有色人种经销商的汽车金融服务需求，还满足了有色人种的其他金融需求。

　　该银行办理汽车贷款的部门有经销商服务中心、小企业零售部、财富管理部，贷款受理的渠道包括客户服务中心的电话银行、经营网点、网上银行、直接邮递、经纪人和经销商。不同部门面对不同客户，专业化管理，如非个人用途的汽车信贷主要面向小企业，属于非不动产，由零售业务部的小企业零售部管理；而私人飞机、游艇、高级娱乐休闲汽车信贷属于财富管理部的业务。受理渠道不同，使用的评分标准和决策模型也会不同，如同一客户的汽车消费贷款因受理渠道不同、部门不同、经销商不同，得到的贷款利率、额度、期限也会不同。申请贷款时，客户还可以网上招标，看哪家银行贷款安排得更合适。客户可以通过网上查询3 500个经销商的任何一个汽车的品种、价格，决定购买地点和结算日期。

　　该银行经销商金融服务中心包括八个部门：首席运营官、经销商服务中心、销售经营部、定价部、信用风险部、现场风险管理部、风险服务部、特殊贷款部（游船、休闲车）。其中，经销商服务中心是主要部门，为经销商提供全面金融服务，包括票据管理、间接零售融资、单位缴纳的养老金账户管理、批发商不动产融资、商业租赁、信贷和存款服务、个人财富和投资管理、保险服务。经销商服务中心努力为经销商和购车人提供优质服务，长期拥有一支团队优先处理客户贷款的各

仿宋人瓦雀栖枝图 绢本28cm×28cm

个程序问题，另一支团队负责经销商的在线销售管理系统，从技术上保证运作高效。销售经营部按照银行的七个地区管理中心进行营销和考核。

对批发商的服务包括：全部安装使用该银行开发的经销商在线销售管理系统，监督存货和销售资金变化，提供最新价格信息，提供电子账单、网上支付，按月提供结算报表；提供直接拍卖融资和批发交易融资承诺、经销商之间的购并贷款；月末账单服务；24小时内研究解决客户提出的问题。

对零售商的服务包括：全部安装使用该银行开发的经销商在线销售管理系统，监督存货和销售资金变化，提供最新价格信息；有经验的关系经理团队为汽车经销商、游船经销商、休闲车经销商设计和提供服务方案；信贷经理提供及时的、专业的、持续的服务；电子化贷款申请处理，可以当天申请，当天发放贷款；24小时内答复客户提出的问题；一天24小时、每周7天提供支付报价和账户信息服务；经销商保证金支付通过该银行专用的支付系统；通过系统自动处理客户申请，审批贷款。

该银行对外宣传的汽车贷款的基本特点：一是新旧汽车、越野车、轻型卡车和面包车可以同一天申请、办理贷款；可以次日结算；可以100%贷款，贷款额度甚至可以超过车价；贷款最低5 000美元；固定利率或可调整利率，期限灵活；利用旧车可以再融资；通过支票账户偿还贷款，可以免支票账户维护费。二是特殊运载工具包括摩托车、休闲车、小船、游艇、私人飞机，减少审批环节，承诺此类贷款没有烦琐的审批手续。

该银行汽车金融制度办法完善，有一系列消费信贷的总体政策指南，有丰富的产品信贷办法。信用局的信用分数和信用等级政策指南，新车信贷政策指南，旧车信贷政策指南，车队销售政策，经销商审计规定，经销商之间的交易规定，合格的借款人政策指南，借款与收入比率、负债与净收入比例、还款与收入比例等专项规定，个人现金流分析办法，收入证明规定等，这些属于政策制度类办法。属于产品类办法的有小汽车、轻型卡车和小面包车贷款规定，休闲车贷款规定，私人飞机贷款规定，游艇贷款规定，商用车贷款办法，小企业卡车汽车贷款办法等文件。这些办法规定具体，便于操作。

该银行汽车金融的服务案例给我们许多启示。试想，如果中国的银行也能将美联银行销售汽车的模式复制到中国主要商业批发零售商、酒店宾馆、航空铁路、房屋销售门店等，那么中国就很难产生淘宝、携程、去哪儿这样把控个人与商家的平台级电商机构，支付宝、阿里金融对中国金融业的挑战会轻得多。但改革开放以来，中国银行业的垄断利润来得过于容易，中国银行业对电商销售这样的市场不屑一顾，更没有好好研究市场、研究趋势，对快速演进的业态不重视，严重低估了互联网时代对传统业态的冲击，至今仍沉迷于"以存贷款数量论英雄"的旧理念中，值得深思。

　　诚然，在宁波汽车金融市场上，也有做得相对比较专业的服务机构。临商银行宁波分行自2009年起至2012年底，借助宁波物流协会、宁波运管处、宁波集卡协会等社会团体，专注于企业集卡车按揭贷款，已放贷1.5亿元，购车1 400台次，占宁波市场份额的30%以上。随着环境保护意识的深入，新能源集卡车、天然气出租车需求日益凸显，该行分别推出"绿色行"、"的贷通"产品相对应。截至2013年7月，已累计发放"LNG"汽车按揭贷款700余万元，支持购车50台次。宁波通商银行虽然成立还不到一年时间，但已为汽车生产制造商、汽车供应商、汽车分销商、汽车租赁公司、汽车驾驶培训学校、零售终端用户等各类主体提供了专业的汽车金融服务。现已与奔驰、宝马、奥迪、捷豹、路虎、保时捷等大型品牌车专营店建立了紧密合作关系，2013年合作经销商客户近百家，其中授信客户66家；此外，还积极探索汽车电子商务平台模式。

# 投资银行 金融市场的一片新绿

随着我国金融体制改革的纵深推进，银行业正面临着"金融脱媒"的困扰，资本性"脱媒"和技术性"脱媒"的趋势已不可逆转。

企业直接融资不但成本低廉，而且有利于企业提升市场认可度，一些绩优的大企业纷纷通过股票或债券市场融资，对银行的依赖性逐步降低。短期融资券、中期票据以及公司债的发行造成了银行大企业客户的流失和优质贷款被替换，直接导致了其贷款利息收入的下降。

伴随第三方支付的迅猛发展，商业银行又面临着技术性"脱媒"的挑战。2012年在中国人民银行注册的第三方支付公司达223家，以每年50%的速度增长，阿里巴巴的支付宝注册用户已接近8亿人。过去由银行进行的个人与企业各种结算，现已部分被第三方支付公司替代。

多年坐享高额利差"盛宴"的中国银行业已进入一个硝烟弥漫的市场环境。商业银行旧有的经营方式虽然还不能说已经被完全颠覆，但已是岌岌可危，难以为继。主动适应，加速变革，加快发展投资银行业务，加快利润增长方式的转变，是我国商业银行的必然选择。

宁波作为中国最早的通商口岸之一和沿海相对发达的中心城市之一，活跃的民营中小企业对投资银行业务有着巨大的金融需求，发展投资银行业务有着得天独厚的金融环境。

　　突破地域限制，扩大与证券、信托公司等其他金融机构的合作范围。宁波区域内既无券商，也无基金公司总部，因此必须加大引进区域外其他投行机构的力度，扩大视野，将信托业务、私募基金、资产证券化等产品进行有机整合，适应宁波地区民营企业多样化的金融需求，调动企业参与直接融资的积极性。

　　充分利用宁波区域内的民营资本，为宁波民营中小企业发展创造条件。宁波地区是中国民营资本最活跃的地区之一，但宁波地区的民营资本又有着鲜明的区域特色：规模以散、小为主，运作上更加隐蔽灵活。因此，我们可通过阳光私募、集合信托等方式，积极为宁波当地的民营资本搭建舞台。商业银行可通过加强与区级政府的合作，通过对江东区科技创业园、江北科技园区等中小企业孵化基地的渗透，在中小企业集合债券、中小企业和创业板IPO等方面加强投行业务的创新。

　　根据宁波当地的经济特色，有效地开展中小企业金融咨询服务。财务顾问业务一直是投行业务中的重要业务之一。宁波区域内有着一大批优质的民营中小企业，有些还是细分行业中的龙头企业。当中小企业发展壮大到一定程度时，必然衍生出对直接融资的内在需求，但很多企业在直接融资方面又面临诸如体制、金融产品、人才储备等多项瓶颈，这无疑为商业银行在宁波区域开展财务顾问业务提供了良好的契机。

　　浦发银行宁波分行利用投行工具与十余个企业合作，对新材料、智能电网、高端装备制造、物联网通讯技术等行业加大投行试点力度。目前，两家企业已经上市，五家已完成股改，三家引入PE机构并进入前期辅导期。这些企业在2009~2013年国内外经济不景气的情况下，逆势高速增长，具有强大的后续发展潜力，较好地体现了投行的杠杆效应。

　　招商银行宁波分行已成功承销中华人民共和国铁道部中期票据100亿元、宁波交通投资控股有限公司短期融资券6亿元、宁波开发投资集团有限公司中期票据10亿元，代理企业IPO十余个，如永太科技1.86亿元、南洋科技2.2亿元、爱仕达电器1亿元、永高股份1.5亿元、水晶光电0.7亿元等。

# 科技金融
## 以知识贡献率为衡量标准

　　华为是全球第二大通讯设备供应商，其创始人任正非先生1987年从销售代理香港公司的用户交换机起家，用销售获得的微薄利润，坚持自主研发小型用户交换机，取得了技术突破，创造了技术领先，并将由此带来的利润再用于研发，周而复始，心无旁骛，终于创造了奇迹。三一重工是全球第一大混凝土设备供应商，其创始人梁稳根先生1986年用6万元创办起湖南涟源茅塘焊接材料厂，经过数百次的艰辛实验，终于造出了第一个产品——105铜基焊料，交辽宁一工厂，不料却被告之质量不合格遭退货。在母校中南大学的帮助下终获成功，收到了第一笔货款8 000元。如今，这两家企业都是中国民族工业的代表，更是中国科技型中小企业的榜样。

　　2012年，宁波市拥有高新技术企业9 300家，全市高新技术产业产值为3 420亿元，比2011年增长11.5%，宁波市成功列入国家科技部首批创新型试点城市。尽管近几年宁波高新技术产业得到了较快的发展，但相对于宁波的地位而言，高新技术产业的总体发展水平与全国同类的副省级城市比较，存在较大差距。科技型中小企业是技术创新体系中最活跃、最具效率的群体，是经济增长的重要推动力量，对促进科技成果转化和产业化、以创新带动就业发挥着关键的作用。建设创新型宁波，需要一大批科技型中小企业的健康成长。

1972年诺贝尔经济学奖得主、牛津大学教授约翰·希克斯曾说过一句著名的话："工业革命的爆发与其说是技术进步的结果，还不如说是金融革命促进的结果。"可见金融对科技的重要性。我们既然期待宁波能够出现中国有竞争力的科技企业群，那就应全力推动科技和金融要素相结合。科技金融是科技产业和金融产业的融合，两者是相互促进、共同发展的关系。尽管中国实行政府推动型的市场经济，中央监管机构和中央金融机构若不从顶层设计开始，基层金融机构科技金融创新难度就很大，所谓"龙头不起舞何来龙尾之浪花"。但哥伦布是在航行中发现新大陆的，等待永远没有机会。深圳、天津、苏州等城市在科技金融的探索上已经为我们作出了榜样。

按专家估算，高新技术的技术开发、产品开发、生产能力开发三个阶段所需要的资金配比关系是1：10：100。因此，高新技术的推动需要可持续的融资渠道。但是，宁波市工商部门统计显示，注册资本在50万元以上、经营期限在5年以上的高新技术企业不到注册总数的4%，可谓是真正的高风险行业！对科技企业进行资金融通有别于其他行业，情况非常复杂。科技企业创业要经过复杂的从技术到产品的漫长过程，不像小店，今天开了明天有流水；不像银行，今天放一笔贷款，今天就确认应收利息。科研企业在漫长的过程中都在进行科研支出，没有任何收入，长期亏损。能否走过漫长的从技术研发到技术产品化、技术市场化、产品市场化的道路，实际上不确定性很大，需要社会有像美国硅谷一样活跃的创新创业投资市场、风险投资文化和机构。

让我们来看看国际上的情况。20世纪70年代，经过20多年高速经济增长的以色列，面临产业重大困境，产业的国际竞争力已逐渐消失。为此，以色列政府作出了一个重要的战略决策：通过广泛的财政支持和政策导向，实施"科技强国"的策略。由于以色列和犹太民族在国际上的影响力，国际上大量科学家和工程师流入以色列。据以色列贸工部统计，1968~1984年，以色列的科学家和工程师总数增长了460%，每10 000名以色列工人中就有140名科学家，而同期的美国是83个，德国是60个。以色列高新技术产值占GDP的比重从1990年的4.5%增长到2000年的15%。以色列人均获得专利在世界的排名位于美国、日本、中国台湾之后，居第四名。2004年以色列的GDP中有4.6%用于研发，这个比例是全世界最高的，同期以色列的风险资本投资额排名也大幅上升，位居美国之后，列世界第二位。以色列的做法是：成立了YOZMA政府风险投资有限公司，国家控股出资1亿美元，并由YOZMA政府风险投资有限公司参股再引进10家国际上著名的风投公司。这些创新创业的融资计划取得了令人惊喜的效果，投资的200多家初创型科技企业大部分获得了成功，并使以色列一举成为全球新兴领域科技创新活动的中心之一。

新加坡的淡马锡模式也取得了可喜的成就。该模式以政府为主导，致力于加强各产业顶层设计的发展方向，用企业管理机制和政治升迁撬动企业的活力、技术进步和建立核心竞争力。从20世纪90年代初起，新加坡政府不断地向目标科技领域的公司提供财政支持，邀请全球著名科学家以及他们的实验室搬迁到新加坡，鼓励潜在的企业家来新加坡创业并提供公共资金的支持，对于创业失败的企业家同样给予相应的补助，这些举措使新加坡在较短的时间内走在了全球生物医药、海洋勘探和采掘、电子信息技术等领域的前列。

中国台湾创新技术的市场化效率很高，主要是由于政府对技术创新市场的环境建设高度重视，从20世纪60年代起就开始了整体规划。当地有大量的金融机构是精致而专业的投机者，他们研究套利、杠杆，表现出很大的侵略性，进行"零和博弈"；同时，也有大量的金融机构是高新价值体系的培育者和发现者。而比利时、芬兰这些国家虽然拥有大量原创产品，也有良好的设计人才和人才培育机制，但是大量技术产品的产业化和市场化却在国外，当地政府感到非常遗憾。所以，培植高新技术产业是一道世界性的难题。

科技银行作为专门为科技型企业提供贷款的商业银行，在国外称为风险银行。中国的科技银行必须尽快从传统的银行服务理念中解脱出来，按照科技型中小企业研发活动的不确定性和技术本身信息的有限性来制定服务标准，建立以知识贡献率为衡量标准的评价体系。而如今，宁波市银行业总体对科技型贷款的风险控制能力较弱，银行的利益取向和金融监管部门的考核标准还不利于科技金融的发展，需要尽快达成共识。

目前，提供科技金融服务的主要难题在于二次还款来源的担保问题。笔者认为，对中小科技型企业担保物和反担保物的规定应相对宽松和创新，可以用期权、订单、应收账款、知识产权、企业股权进行担保或质押。期权担保是指申请企业可以以一定比例的公司期权作为反担保措施，双方约定期权的最初价格、期限以及回购价格，从而取得一定额度资金的担保模式。

宁波市银行业近年来在与政府、园区、担保及风投等多种机构合作的过程中不断探索，加大对科技型企业的支持力度，为科技金融实践作出了不懈的努力。

中国银行宁波市分行成功发放了宁波市首笔计算机软件著作权质押贷款，这是该行"科技通宝"系列产品的一部分。建设银行宁波市分行以"风险池"作为增信手段，借助财政对科技企业的扶持政策，推出"科创金元宝"系列贷款。上海银行宁波分行推出了适用于国家发改委备案的节能服务公司、国家工信部推荐的工业节能服务企业和宁波市节能办推荐的企业的"合同能源贷"、"IFC能效贷"产品。兴业银行宁波分行开发了"芝麻开花"产品，以服务科技型中小企业。

杭州银行宁波分行以科技金融为特色，截至2012年底，实际新投放科技型企业177户，国家七大战略性新兴产业达到了154家，户均贷款为350万元，177户新投放的科技型企业中有近100户属初创型科技企业。另据跟踪统计，2012年新投放的科技型小微企业当年销售收入、利润总额、上缴所得税分别同比增长35%、43%和39%。该行在不同阶段的做法是：种子期企业配套创业指导和服务，初创期企业对接"甘露计划"，孵化期企业对接"金苗计划"，成长期企业对接"起飞计划"，成熟期企业对接"卓越计划"。能源管理风险池贷款、文化产业风险池贷款、科技担保贷款、选择权贷款广受欢迎。

　　宁波金融体系的全面创新，是宁波产业转型尤其是推动高新技术产业发展的重要要素，意义重大。宁波科技金融的实践，将促进宁波市科技投入的有效增长，促进宁波产业的转型升级，即较快地从低端的、劳动密集型、资源密集型的产业改变升级为高端的、知识密集型、技术密集型的产业。

# 加快建立
# 绿色经济的投融资体系

　　绿色，是生命的象征。绿色经济，是21世纪最具有活力和发展前景的经济形式。支持"生态农业、循环工业、持续服务产业"三位一体的经济结构体系，是全社会的努力方向。

　　工业文明的高级阶段一般都会出现文化的繁荣景象，也是文化产业高速发展的阶段，欧洲、美国、日本、韩国等地区和国家的文化产业发展史都证明了这一点。据了解，各国政府的作用举足轻重，如韩国对文化的投入，比起我国先前"两弹一星"的投入力度更大；英国政府在推进创意产业"大跃进"方面更是首相挂帅。西方国家投资文化产业的政府规划值得我国借鉴。彭博社载文显示，2012年国际文化产品（含软件业）市场的总量约为12万亿美元，为当年中国GDP总量的1.3倍，可见全球文化产业的服务需求是极为庞大的。全世界的文化出口市场中，欧美发达国家占了绝大部分，其中美国占43%，欧盟占34%，日本占10%，韩国占5%，中国占3.8%。但随着以民族文化为单元的多元文化在世界范围内的融合与互动，文化产业作为文化存在和发展的重要载体与动力，已经成为发展中国家举足轻重的国民经济支柱产业和新的利润增长点。

　　党的十八大报告再次强调要将文化产业发展成为国民经济

的支柱性产业。然而，发展文化产业却是一项巨大的系统工程，创建文化产业的投融资体系是其中重要的一环。北京大学文化产业研究所的调研结果显示，我国文化产业发展面临的问题有57类，其中投入不足是最大的问题。那么，如何建立这一投融体系呢？首先，应发挥财政资金的杠杆作用，出台支持文化产业发展的优惠政策和措施，设立文化产业发展专项资金和文化产业投资基金、项目补贴、补充资本金、风险补偿金等。对金融支持符合产业规划、具有龙头作用的文创企业及项目给予贷款贴息，对新增文化产业贷款或担保代偿形成的损失给予补偿，鼓励、引导金融机构及各类社会资本参与文化产业运营。提高文化产业的规模化、专业化、市场化水平。其次，要探索建立知识产权融资的交易平台，加快制定、完善和规范版权等无形资产的评估办法，培育流转市场，为金融进入文化产业的产权和资产的转让、租赁、退出提供渠道，降低处置成本，由银企双方根据市场原则双向选择合作项目。同时，要建立中小文创企业的信用体系。人民银行各级行逐步建立适合当地中小文创企业特点的信用等级测评办法，供商业银行参考。

就宁波而言，统计显示，2012年全市高碳行业如石油化工、钢铁冶炼、发电造纸、纺织印染等占了GDP的52%，而低碳文化产业占GDP的比重不到4%，且低于全省水平，形成巨大的反差。当年宁波工业能耗占全社会能耗的75%，高于全国平均水平15个百分点。宁波海洋环境遭受毁灭性打击，根据《2012年宁波市海洋环境公报》，全市8 200平方公里海域污染和严重污染占比达88%，清洁海域只占3%。受长江、钱塘江、甬江等入海河流的影响，舟山地区20 800平方公里的海域已无清洁海洋，污染和严重污染海域达到86%。宁波沿海是中国近海海域污染最严重的地区之一，有专家指出，如果我们现在停止向海洋排放污水，至少需要30~50年时间才能够恢复海洋生态。从中可见，我们目前GDP的发展模式将给我们的子孙后代造成多么沉重的环境代价！同是计划单列市的厦门，根据《2012年厦门市海洋环境公报》，该市清洁海域面积占比达到50%，严重污染海域面积占比为2%，厦门海域内能不时见到鲸鱼和海豚的足迹，从中足以让宁波人民感悟到发展低碳绿色产业的迫切性。

　　同为副省级城市的南京，原本也是个"石化大市"，经过不到十年的努力，现已转型升级为中国软件名城。南京充分利用科技人才资源丰富的优势，成立了中国（南京）软件谷、江苏软件园、南京软件园，2012年软件与信息服务业产值突破2 000亿元，预计到2020年软件产值将突破5 000亿元，南京进入世界软件名城行列。苏州已初步形成软件设计、工业设计、动漫制作、生物医药、金融数据处理、现代物流六大服务外包产业集群，2012年有服务外包企业2 115家，从业人员22.5万人。无锡为加快物联网发展，成立了中科院物联网产业研究院、上海交大无锡研究院、北京邮电大学无锡研究院等100多个研发机构，先后承担各类物联网技术研发项目近千项，其中国家级项目40多项。

　　发展绿色经济，苏南地区的经验值得我们借鉴。苏南地区自主创新能力的快速提升，与政府和社会大力增加对科技的投入，积极引进国内外先进的科技创投基金是分不开的。2012年苏南五城市研发经费投入占GDP的比重分别为南京3.1%、无锡2.6%、苏州2.6%、常州2.6%、镇江2.3%，全部提前实现了国家提出的到2015年达到2.2%的目标。

从政府投入看，南京市2012年在预算资金中安排科技和人才资金40亿元，连续两年增幅超过50%；苏州市财政资金中的科技投入超过40亿元，占财政支出的4.5%；无锡建立市区两级长效投入机制，市级财政设立了每年2亿元的物联网专项资金。

从社会投入看，2012年底，苏州东沙湖股权投资中心已入驻管理基金45只，规模超过420亿元，总规模达600亿元的国内特大型股权投资和创业投资母基金——国创母基金、国内服务功能首屈一指的天使投资平台——中新创投均落户苏州。无锡市涉及物联网的投资基金高达124只，基金总规模超过350亿元。

不过，社会风投机构对当前文创产业的投资仍然较为谨慎。数据分析显示，在2012年全国文化创意产业197个案例中，共吸引VC/PE投资84亿元，其中获得融资额最多的是影视娱乐行业，吸引了37亿元的投资，占比44%；新兴文化领域如社交媒体投资也增加较快；而教育培训、广电和数字电视获得的融资都大大减少。业内人士表示，文化产业同质化非常严重，传统行业必须和新媒体结合才有未来，跨地区、跨国界的文化娱乐传媒巨头将会出现。但从投资人的角度看，对文化领域的投资，投资传统公司要赚倍数很高的钱几乎是不可能的，对文化产业投资需谨慎。

从银行系统支持绿色经济来看，工商银行仍是规模上的老大，2013年上半年仅文化产业贷款余额就已达1 170亿元，较年初增长139亿元。在专业上，北京银行首屈一指，该行九大类"创意贷"系列产品贷款金额达到550亿元。光大银行的"紫薇花"文化金融产品、华夏银行的"文创贷"产品、农业银行的"知识产权质押贷"产品、民生银行的文创产业互助基金等都体现了银行在不断探索对文创产业的支持途径。

中信银行宁波分行依托中信集团优势，为文化产业客户提供银行、证券、信托、保险、基金、期货等全金融链服务。利用供应链金融、现金管理、投资银行、电子化和网络化等，一户一策，对文化产业项下的不同行业予以细分，提供不同的配套政策。如文化创意企业多为轻资产公司，贷款产品主要从企业拥有的可担保知识产权着手，利用优质商标权、专利权、著作权、影视版权等，通过权利质押方式提供贷款；对于影视制作、演艺、展览、动漫、游戏等需要采购大型设备的行业，提供融资租赁贷款；对于文化产业集聚区内的中小企业，提供种子基金贷款、政府专项资金贴息贷款等。截至2012年底，该行已为118家文创企业授信52亿元，重点支持了宁波市镇海区新闻中心、象山县旅游集团有限公司和宁波稻草家族影视等文创企业。

# 海外投资
## 中国企业面临的一道大题

出口起步—海外建厂—海外并购，是企业国际化进程的"三部曲"。扩大市场份额，寻求更高的利润增长点，是任何企业发展到一定规模后的必由之路。

第二次世界大战后，发达国家所获取的国际贸易收入，大部分是通过到海外投资及跨国并购经营所实现的。当今中国已成为国际贸易大国，自2011年起，其进出口额均列居世界前三位。2011年中国出口量占全球出口总量的10.4%，名列第一；进口量占9.5%，名列第二。然而，我们所实现的国际贸易基本上都是在中国本土内生产完成的。浙江慈溪有家做外贸贴牌电器插座的企业，已有30年历史，企业规模越做越大，但利润却越来越低，2012年销售金额达到2.85亿美元，但利润只有460万美元，利润率为1.6%，这类代工企业在中国大量存在，随着中国劳动力成本、生产资料价格成本和环境成本在全球优势的削减，中国企业参照发达国家跨国公司到境外投资发展将成为必然趋势，这也是中国产业转型的客观要求。

联合国贸易和发展会议（UNCTAD）公布的2011年世界对外直接投资有关统计显示，与上一年相比，全球跨国并购投资增幅高达70%，其中日本由于日元贬值的因素，比上年增长了

101%，美国增长了49%，中国内地只增长了16.2%。从直接投资流出的资金看，与上年同期相比，全球增加16%，美国增长16.7%，日本增长105%，中国内地负增长0.6%（见表1）。

表1　2011年世界对外投资统计（摘要）

单位：亿美元，%

| 项　　目 | | 全球 | 美国 | 日本 | 中国内地 | 中国香港 |
|---|---|---|---|---|---|---|
| 直接投资流出资金 | 金额 | 16 642 | 3 838 | 1 156 | 676 | 816 |
| | 同比 | 16 | 16.7 | 105 | −0.6 | −14 |
| 跨国并购投资 | 金额 | 5 840 | 1 302 | 627 | 344 | 113 |
| | 同比 | 70 | 49 | 101 | 16.2 | −23.7 |
| 新建项目投资 | 金额 | 9 020 | 1 578 | 750 | 397 | 130 |
| | 同比 | −0.2 | 7.7 | 13.8 | 20.8 | 58 |

2011年全球跨国并购投资出现一波高潮，这与2008年国际金融危机是紧密相关的。自2010年欧债危机爆发以来，欧元区国家企业破产数量创新高。德国CREDITREFORM公司公布的《欧洲破产报告》显示，欧盟15国及挪威、瑞士17国2011年破产企业高达17.49万家，破产的原因主要是企业受金融危机的影

两极 系列二 纸本

响，也有传统家族继承人不愿意再从事前辈产业的情况。大部分破产企业有着几十年乃至上百年的经营历史，部分企业更是有着良好的品牌与技术和完整的销售渠道，为此，全球跨国公司纷纷前往欧洲等地洽谈并购，促成当年全球跨国兼并成交额的大幅提升。

在这一波跨国并购的浪潮中，中国企业虽然也有参与，但是总体上，成交数量小，投资金额少，这基本上反映了目前中国企业在全球所处的位置。从国际视野看，中国国内企业仍以国际代工模式为主，自主品牌、自主技术、自主文化的综合性国际大公司非常少。不要说与欧美著名企业相比存在差距，就是跟韩国比，差距也相当明显。

20世纪60年代后期，韩国总统朴正熙发起"新村运动"，将大量城市青年集中到农村进行锻炼。在此期间，中东发现了大油田，韩国趁机将这些经过锻炼的青年劳务输出到中东，由此为韩国挣得了大量的外汇，也为他们的下一代出国留学创造了物质条件。就是这一批留学欧美的韩国青年一代学成回国后，借鉴欧美知识，结合亚洲文化，不断研发创新，从而诞生了具有鲜明韩国文化特征，又能被国际接受的"HOT"、"酷龙"等时尚文化，制造了滚滚"韩流"，进而实现"文化渗透，产品跟进"，逐渐建立起拥有自主知识产权的韩国国际化品牌。如今韩国的三星、大宇等集团能直接与全球老牌的通用、西门子公司进行竞争。

所以，看企业的国际化进程，需要历史沉淀，其核心是要有一批受过国际环境熏陶的国际化青年人才。希望大量留学海外的我国优秀人才能学成回国创业，结合中华文化，参与到国际化的竞争中去。海外投资或跨国并购是一项极为复杂的系统工程，大型收购兼并项目一般都由国际著名投行，如高盛、摩根士丹利等参与并购设计及资金募集。由此看来，中国企业要将目前大量盈余的外汇变为海外投资后再产生的利润，尚有相当长的路要走。

美国伊利诺伊州大学学者的研究成果表明，实施跨国并购投资的企业应具备五方面条件：一是企业主业突出，核心竞争力强；二是拥有先进独特的专利、专有技术或品牌、管理技能；三是企业产权清晰，激励与约束机制健全，企业战略成熟，拒绝机会主义；四是投资的境外项目应该是核心业务或纵向延伸业务，或可获取国际营销网络，或可弥补原企业技术开发不足，并能将其变为内部化的优势；五是企业管理良好，财务制度严谨，监管体系健全，信用等级高，拥有通晓国际化经营的团队。

在海外投资与境外并购中，金融服务是非常重要的支持要素。就并购财务评价而言，现行国际上流行的主要有两种方法，一种是贴现现金流评估法，另一种是收益与现金流倍数评估法，需要专业化的团队进行精细化设计。目前，国内的银行应该有意识地吸收和培养专业化人才，为本土企业参与海外投资和跨国兼并作准备。

宁波金融机构近年来为支持宁波企业"走出去"进行了许多探索。进出口银行宁波分行支持宁波当地企业华翔集团和圣龙集团在德国实施并购，支持春和集团在加拿大进行收购股权和在非洲收购矿业，支持雅戈尔集团收购境外股权，支持宁波矿业公司在墨西哥投资采矿和宁波牛奶集团在新西兰收购牧场等。截至2012年底，该行境外投资贷款余额达20余亿元，涉及欧洲、亚洲、北美、拉美四大洲。工商银行宁波市分行为适应宁波企业"走出去"的要求，推出了"全球现金管理"业务，为跨国企业提供全球范围内的账户管理、集中资金收付、本外币资金池、风险管理方案等。农业银行宁波市分行帮助均胜集团并购德国普瑞（PrehGmbH）公司，发放并购贷款8 000万美元。并购完成后，均胜集团在充分尊重当地文化和保持管理团队基本稳定的基础上，采取了一系列整合措施，如战略整合、市场整合、技术整合、营运整合和文化、人力资源整合，取得了良好的并购效应，实现了汽车电子产业的转型升级。2012年度，均胜集团实现销售收入59亿元，实现利润4亿元，分别较2010年（并购前）增长228.56%和130.73%。

# 追赶大数据时代的互联网金融

中国人民银行于2013年8月发布了《2013年第二季度中国货币政策执行报告》，罕见地首次将"互联网金融"列为单独一节，并予以详细阐述。报告指出："互联网金融业从单纯的支付业务，向转账汇款、跨境结算、小额信贷、现金管理、资产管理、供应链金融、基金和保险代理、信用卡还款等传统银行业务领域渗透，在金融产品和服务方面的创新，弥补了传统金融业的不足。"央行的上述表述，显然揭示了当今互联网金融的藤蔓已越过传统金融业的墙头，代表着新兴金融业态的逐步形成，并将对传统金融服务模式产生极大的挑战。

2013年对中国网络金融来说，可能是划时代的一年。在阿里之后，越来越多的互联网公司开始走出电商边界，涉足金融行业。苏宁已成立金融事业部，准备推出"易付宝"余额理财；京东不甘示弱，宣称也将提供小额信贷、境内外保理业务；腾讯公司也有此设想。8月9日，北京中关村成立了互联网金融行业协会，共有33家互联网金融机构成为协会首批会员。这些主要是源于阿里"余额宝"、阿里小额信贷引发的全社会对互联网金融的关注和思考。

我们先来看看互联网金融。互联网源于计算机和电子通信技术，初衷是连接不同的计算机，从而达到数据交换，但是随着互联网的大范围普及，以及在此基础上诞生的各种新型思维和丰富应用，互联网概念超越了信息技术本身，走向社会、经济和思想。互联网对社会的第一影响力是参与广泛，从而催生出平等分享的概念；其次，互联网低成本、大范围的信息传递，导致普惠思想成为互联网从业者自觉或不自觉的意识。广大网民在使用互联网时，获得了平等、分享、协作和选择自由的快乐，久而久之形成一种新的民主认识思想观，这种思想融入金融领域，产生了互联网金融的概念。互联网金融的实质在于互联网思想与金融业态的结合，远非局部的互联网技术和计算机技术本身。

互联网金融的其中一个特征是去中心化，目前在金融领域具体的表现形式有P2P借贷、P2P股权、P2P资产交易、P2P外汇交易。我们来看一下P2P外汇交易是如何去中心化的。传统外汇交易通常要通过兑换银行进行，兑换银行根据当时的国际外汇行情确定汇率。但是，经由互联网技术处理后，外汇交易结构发生了很大变化，通常外汇交易平台会列出全部交易方的叫价和想购买/出售外汇的数量，兑换者在全面了解市场行情的情况下管理兑换预期并进行操作。交易者已不是与兑换银行，而是与在兑换银行交易平台上的另外一个交易者直接交易，此时交易行的角色仍然存在，但是其已经蜕变为平台的维护者和信用的支撑者，以网关的形式帮助买卖双方建立信用关系，为买卖双方提供资金进出平台的通道，不再收取外汇兑换的汇率差价，而是依靠专业服务收取服务费。由此看来，随着互联网精神的不断延伸，这种去中心化的服务模式，正是互联网金融从一个革命性思想不断落地为创新的金融改革模式，其意义远远超过现在人们所指的"金融脱媒"，是金融业的转型方向，将引领金融业走向金融民主化和普惠金融的时代。当然，这种去中心化的过程是一个反复不断的实践过程，在此过程中，产生新的协议和新的标准，更加体现金融的公平、节俭、普惠的契约精神。我们要关注的是这种去中心化过程中的稳定性，以及每次变化中心的成本。

我们再来看看大数据金融。有了互联网，才有了大数据和"信息过载"的概念。据有关部门统计，2013年1月中国财经金融类网站总访问次数为381 539万次，访问时长9 122万小时，即10 413年。在这一组庞大的数据中，如果用传统的方式获取你想得到的精准信息，几乎是不可能的，但是通过大数据理论，从不同维度过载这些信息，获取被稀释了的有价值数据，却成为可能。数据将是未来金融企业的重要资产，金融企业通过数据创造产生新的商业模式，利用数据提供增值服务，获得巨大商业利润，海量的用户和良好的数据质量将成为未来金融行业的核心竞争力和重要的收入来源。

如将银行现在对公、对私、卡业务等各自分开的系统糅合在一起全量在线，通过机器学习，即机器自己寻找规律，在数千个维度中找出什么是建模的规则，从中揭开许多以前完全不知道的内容和规律。比如，香港一家银行经由大数据分析后发现，该行反洗钱有1 000多条在线规则；该行保险客户中有0.8%的保户年收入只有12万港元，但却购买了25万港元的保险

百花齐放
纸本 52cm×83cm

产品；该行对全行50 000多名客户流失的概率分析，不仅仅是向领导汇报，而是直接把50 000多个客户的所有流失概率全部分配给该行800多个客户经理，让客户经理通过专门的程序可以看到他负责的客户到底在做什么，直接指导客户经理的营销；对信用卡用户集中于消费场所分析，比如是经常去高档商店，还是去超市购物，是经常去夜店，还是去星巴克等，以此来识别该卡用户是白领、蓝领还是新兴人类的概率。这就是大数据金融的威力。

　　大数据金融的经验启示我们，原有客户留在银行平台上的数据，可能成为下个全新业务的"蓄金池"，关键是你是否已经意识到这一机会的存在，并付诸实践。20世纪末，经济学家曾一度对网上信息服务业大惑不解：风险投资为何只关注"点击率"，而非"利润"？近年来，亚马逊承包了ＡＯＬ电子商务网站的后台服务，亚马逊的"醉翁之意"并非赚服务钱，而在于掌握用户的购买数据。亚马逊心里比谁都清楚，现在不是"注意力经济"，而是"大数据经济"。就金融业而言，现有历史悠久的大银行存有海量的客户金融数据、营业场所视屏数据、金融设备使用数据、网点效益数据、现金投放数据、资金价格数据等，这些都可经过大数据挖掘，实现金融服务从"人管"到"数管"的跨越。

　　《中国新闻周刊》载文显示，截至2013年6月底，阿里金融以不到100名客户经理的营销团队，累计发放小额贷款1 000亿元，客户32万户，户均贷款4万元，户均占用资金时间123天，实际年化贷款利率6.7%；而国内商业银行中小微贷款做得比较成功的包商银行，2012年月均放款1.1万笔，笔均约16万元，其投入的是1 300名专业信贷员，不良率为0.89%；截至2012年6月底，全国银行业小微贷款不良率是2.4%。上述数据表明，阿里金融的综合效率比传统银行提高了十几倍。

　　阿里金融已经出名，还有一个借互联网发力的金融新业态——P2P互联网信贷平台蓄势待发。2005年首次在英国出现网络借贷服务模式，通过制定交易规则来保障交易双方的利益，收取服务费。2006年总部位于北京的宜信公司开始尝试个人对个人的网络借贷服务平台——"宜人贷"，目前已经在中国60多个城市和20多个农村地区建立起强大的全国协同服务网络。

金电联行（北京）公司专业从事为企业争取银行信用贷款的咨询服务。如该公司为山东一家汽配企业提供信用数据业务，在其供应链管理系统中接入由金电联行研发的"数据挖掘机器人"，该机器人每天从企业的供应链管理系统中挖掘分析数据，重点包括订单、生产、物流、入库、出库、生产线上线和下线、增值税发票确认、结账、付款等，这些数据通过"信用指标模型"自动生成企业经营情况的评估报告，企业用这一评估报告，向银行申请信用贷款，半个月后获得了200万元的银行信用贷款。如今，金电联行已为200多家企业争取了20多亿元的银行贷款授信。

类似的公司还有人人贷、拍拍贷、有利网、融360、贷帮网等。令人惊讶的是，国内外有名的风投基金对这一类业态大肆

百花齐放（局部）

跟进。例如：红杉资本、凯鹏华盈、IDG资本等均大手笔参与网贷公司的战略投资。2013年底，人人贷获挚信资本1.3亿美元投资，成为国内迄今为止最大的一笔互联网金融投资。

不管是阿里金融还是"宜人贷"、金电联行，它们敢对个人和小微企业发放信用贷款，主要依托的是大数据技术。从表面看，他们的服务前端身段灵活，"四两拨千斤"，但是其背后的数据平台十分强大，风险控制模型尤为先进。就阿里金融而言，分析的数据包括客户手机号码是139还是186、客户的朋友圈、客户性别、客户在阿里平台上的认证信息、交易详情、聊天记录、退货记录、网购日志，以及客户被收藏、评价或者投诉的记录情况等。

从"软件为王"到"数据为王"，意味着世界已经进入"大数据时代"，这是信息化的一个崭新发展阶段。通过分析各种数据，人类对世界的认识将更全面、更深入、更具前瞻性和预测力。事实上，欧美银行在利用数据库前沿技术挖掘优质客户方面已有很好的先例，如花旗银行能够通过数据分析，了解到花旗银行信用卡持卡人在其他银行的消费情况、持卡人同事与朋友在其他银行的消费情况，从而使花旗银行对高端客户的营销准确率达到90%以上，并不断淘汰不符合高端标准的客户。这一技术同时还运用于航空公司、全球连锁酒店、奢侈品零售业等领域。

在美国的世界500强企业中，超过50%的企业拥有顶尖学者领衔的大数据分析团队，如2000年诺贝尔经济学奖得主丹尼尔·麦克法登是沃尔玛集团首席经济学家；2002年诺贝尔经济

百花齐放（局部）

学奖得主丹尼尔·卡纳曼是谷歌公司智库核心成员；2011年诺贝尔经济学奖得主托马斯·萨金特，纽约大学教授，受邀高盛集团顾问等。这些充分表明了商业界是何等重视科学技术革命，从全方位的信息采集、挖掘和集成技术中寻求突破，预测新兴商业机会的出现。

在未来，政府将会更快地形成聚集大数据的机制，打通各方的数据中心和数据库，使之成为"数据海"，既要保障各领域各机构对数据的共享，又要保障数据安全。据了解，美国纽约政府把过去百年的数据给了微软研究院，让研究院进行分析，将全市各行业孤立的数据，用大数据的方式打造成一个整体平台，再用智能终端整合起来，贡献给社会，让企业去用，也让老百姓分享。

大数据挖掘不同于一般的信息分析，它包括资料的收集、整合、处理，还有新一代的计算平台技术。在庞杂的数据中，许多数据是重复或没有价值的，因此，数据的去冗分类、去粗取精是大数据高效率、低成本运行的关键。美国著名的数据化专家尼古拉斯·费尔顿（Nicholas Felton）认为，大数据是超出传统数据管理工具处理能力的大规模、复杂的数据集合，有三个维度：数据量（Volume）、处理速度（Velocity）以及数据种类（Variety）。目前，大部分企业对大数据的理解仍然停留在传统意义上的数据分析上，远未达到数据可视化的高度。大数据将在以下四个领域进行突破，分别是利用数据相关基因组图解决问题、理解人类语言、理解图片内容和解释视频影像。至今，数据的力量仍然未被主流社会重视。目前，观察全球成功的企业，我们发现，数据推动的力量占了主导地位。因此，我们必须清醒：没有哪个产业可以不被数据驱动的新业态颠覆。"大数据"正以人们想象不到的速度影响着传统的制造业、零售业、物流业、汽车业、航运业、金融业等。

目前，国内金融业在互联网金融方面才刚刚起步，先行尝试的有建设银行的"善融商务"、交通银行的"交博会"、民生银行的"云金融平台"等。在宁波地区，宁波银行的中小企业金融社区电子商务平台，简称"E家人"，具有大数据和互联网金融的概念，相当于一个小微企业的"Facebook"（社交网络服务网站），是将社交化网络技术应用于商业银行系统的创新尝试，即装即用的安装方式突出融资、商务、社交三大功能，满足小微企业多方位需要。上线不到半年，在线客户数就已达7 000多人，入驻企业超过1 000家，通过"E家人"申请贷款的总金额超过2亿元，成功发放贷款数千万元。浙江民泰商业银行将金融IC卡应用到手机信贷领域，可实现7×24小时全球在线授信、自助借款和还款。招商银行的"微信银行"不仅可以实现账户查询、转账、还款等卡类业务，还提供了网点地图和排队人数查询的功能。

综上所述，中国金融界利用互联网技术提供金融服务，关键在于如何有意识地积累服务数据，以全新的"大数据"理论做好顶层设计，针对本行战略，制定出多层级差的去中心化方案和可在线销售的标准化服务，迎接大数据和互联网金融时代的到来。

# 小额信贷的管理艺术

2006年诺贝尔和平奖委员会将当年的诺贝尔和平奖颁给了孟加拉国格莱珉银行及其创始人穆罕默德·尤努斯。1972年，尤努斯从美国范德比尔特大学获经济学博士学位，任教于孟加拉国吉大港大学经济系。他面对无法用经济学理论向学生解释的贫穷现象，决定重新做一名学生，拜农民为师。

一天，尤努斯教授来到学校附近的乔布拉村，看到有一位农妇在制作竹凳，他上前问："你做一个能赚多少钱？"农妇回答："借高利贷的钱做本钱，加工一个只能挣0.5塔卡。"他又问："如果本钱是你自己的，加工一个能挣多少呢？"农妇说："可以挣3~5个塔卡。"这等于是借高利贷做资本利润的6~10倍。尤努斯听后非常震惊。第二天，他组织学生调查，发现这种情况很普遍，村里还有42个同样的农妇，她们共向高利贷人借了865塔卡，合27美元。他非常恼怒：这42个农妇的苦，难道就差这27美元吗？于是，他决定自掏腰包，让学生借给这42位农妇27美元，说好不要利息，等产品出售后再还钱。结果，农妇们非常守信用，都实现了诺言。

这一事件，使尤努斯教授颇有感触，他决定找地方政府和银行帮助村里的农妇借钱，但是他在寻求贷款的过程中发现，

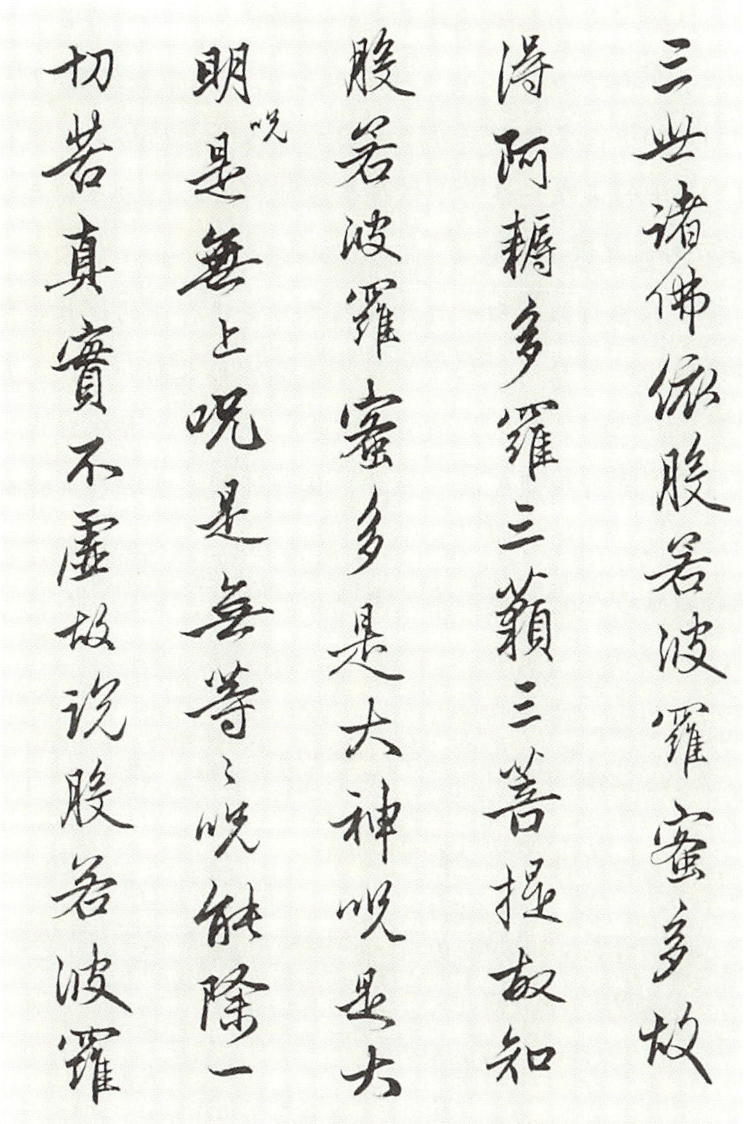

三世諸佛依般若波羅蜜多故

得阿耨多羅三藐三菩提故知

般若波羅蜜多是大神咒是大

明咒是無上咒是無等等咒能除一

切苦真實不虛故說般若波羅

抄赵孟頫般若波罗蜜多心经（局部）

世界上银行贷款的基本原理都是一样的，即"你越有钱，越能贷到更多的款；反之，你没有钱就贷不到款"。经过8年的努力，到1983年，尤努斯创办了专门为穷人贷款的格莱珉银行。经过20多年的实践，格莱珉银行在孟加拉国的4.6万个村庄，为640多万村民提供了贷款。

格莱珉银行的成功来自于其颠覆传统银行业的运作原则和经营模式。尤努斯以其扎实的经济学基础与长期和农民打交道的经验，洞悉到大批农民的贷款需求，开创了"整借零还"的贷款模式，实行按周还款。此外，该行还制定了一套发放和收回贷款的机制，鼓励贷款者以伙伴关系组成5~6人的小组，为每笔贷款担负责任，只要一个人不能按时还款，其他组员就不能

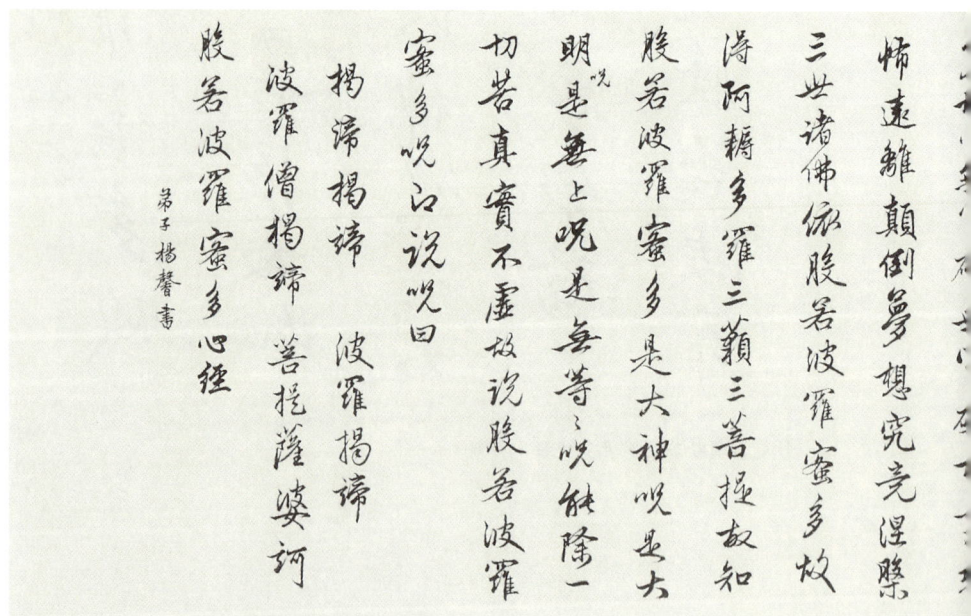

抄赵孟頫般若波罗蜜多心经　纸本35cm×119cm

再次获得贷款。另外，银行提倡贷款者每人买一个3美元的股份，成为银行的股东。

该行鼓励员工走到民众中，走出办公室，了解贷款者的真实情况和资金所需。为防止富裕者套贷，银行放出的贷款利率略高于传统银行。这些举措无一不透露着尤努斯与其银行的营销智慧，他们对孟加拉国的经济和社会发展作出了巨大的努力和贡献。目前，全球有59个国家正在复制这一成功的"乡村银行"模式，其中既有发达国家也有发展中国家，中国就是其中一个。格莱珉银行成功的故事，鼓励各国金融机构不断去做对社会有更大价值的事。

宁波中小企业数量众多，地位突出，是宁波经济保持蓬勃

苦集灭道　无智亦无得以无所　画乃至无老死亦无老死尽　至无意识界无无明亦无明　意无声香味触法无眼界乃　色无受想行识无眼耳鼻舌身　不垢不净不增不减是故空中无　如是舍利子是诸法空相不生灭　是空空即是色受想行识亦复　舍利子色不异空空不异色色即　多时照见五蕴皆空度一切苦厄　观自在菩萨行深般若波罗蜜　般若波罗蜜多心经

发展与旺盛生命力的微观基础。全市小型企业占比72%，中型企业占比24%，两者相加占了企业总数的99%。宁波市经信委发起的一次大型民调显示，中小企业认为本企业的产品档次很低的占0.9%，较低的占0.9%，一般的占14.7%，较高的占66.4%，很高的占14.2%，较高与很高的占比高达80.6%，说明宁波大部分中小企业对市场竞争有信心；当被问及企业最需要的支持是什么时，回答分别是：配套支持占5.3%，研发支持占24%，技术支持占6.7%，资金支持占54.7%，销售支持占9.3%，从中可以看出融资问题才是中小企业发展的最突出问题。

宁波银行2012年服务的小企业已超过7万户，其中贷款客户累计超过1万户，贷款余额600多亿元，不良贷款率仅约0.3%，是宁波地区优势较集中的小企业金融服务商。"金色池塘"系列产品有诚信融、透易融、业链融、便捷融、贷易融、押余融、友保融、专保融、联保融、定期融、互助融、农贷融、科贷融等20余个品种。开发了小企业信贷审批系统、低柜系统、数据仓系统、考核系统、CRM（客户关系管理）等系统，将"打分卡"机制引入企业的信用评定，建立了庞大的小企业信用档案数据库，得到市场认可。

平安银行宁波分行设立的小额金融事业部，属总行事业部制管理。内设小额信贷风险管理部及小额金融业务部，其中小额信贷风险管理部为当地小额信贷的唯一评审通道。在目标定位上，遵循目标客户群管理理念，突出群体客户概念，以群体客户的信息和信用弥补单一客户的信息和信用不足，根据不同商业模式的特点进行授信及风险控制方案的差别化设计和规划，通过批量营销，迅速实现规模效应。

稠州银行宁波分行对小微企业的调查重点集中于四个方面：一是客户"三品"和"三表"分析。"三品"即企业主的人品、经营的产品、企业拥有的押品，据此评估客户的还款意愿、还款能力、还款保障。"三表"即水表、电表、海关报表，帮助摸清企业真实的生产经营信息。二是企业及企业主的有形资产（土地、厂房、商业用房、住房、汽车等）和银行存款、应收账款等流动资产。三是资金用途监管。加强流动资金需求测算和资金流向监管，保证信贷资金安全。四是经营者家庭和睦度、诚信度、不良嗜好、风险偏好等影响信贷资金安全的软性指标。

鄞州银行"蜜蜂小额贷款"已形成可推广的"10M+8T"专项模式。"10M"即10个运作机制（Mechanism），包括专项队伍建设、专项业务产品、专项审批模式、专项操作流程、专项利率定价、专项考核机制、专项容忍政策、专项规模列示、专项经营核算、专项服务整合；"8T"即8个专项运作技术（Technology），包括客户营销技术、现场调查技术、报表制作技术、交叉检验技术、现金流分析技术、还款设计技术、贷后监控技术、逾期追讨技术。

# 金融消费者是银行的衣食父母

　　1920年9月16日中午12点，一辆红色的四轮马车行驶到纽约华尔街23号，JP摩根总部大楼门口，车夫随即离开现场。几分钟后，雷鸣般的爆炸声震惊了整个曼哈顿地区。爆炸造成38人死亡，400多人受伤，这是有人采取恐怖主义的手段，对华尔街金融寡头表示不满，然而此案至今未破。令人惊讶的是，正好90年后的第一天（2011年9月17日），美国民众又发起了"占领华尔街"运动，抗议人数累计超过数十万人，范围扩展至全美120多个城市。"占领华尔街"运动的直接导火线是华尔街大银行要进一步向消费者收取更高的账户费用，从而转嫁新的金融监管改革办法给银行带来的成本负担。民众抱怨华尔街对自身的行为不负责任，到处销售有毒资产，酿成国际金融危机，政府对华尔街的救援并没有改变华尔街银行贪婪的本性。

　　在中国，根据沪深股市年报，2012年共有上市公司2 467家，其中A股金融板块43家（银行16家，证券19家，保险4家，信托/期货4家），占比1.7%，然而，在所有上市公司1.95万亿元利润中，A股金融板块利润占据55.9%（其中银行利润占52.5%），达1.09万亿元（其中银行1.02万亿元）。当年中国银行业的利润几乎占了全球银行业利润的1/3。2013年半年报继续显示，A股金融板块利润达到0.67万亿元（其中银行利润为0.61万亿元），占全部上市企业利润的比重继续攀升，高达61.2%（其中银行占56.1%）。对此，社会舆论哗然！在全国企业饱受国际金融危机和国内产业转型双重压力之下，国内银行界却"一枝独秀"，也许这是特殊时期所产生的特别现象，接下来可能就进入坏账周期，但这组信息仍然向社会透示：实业不赚钱，唯有"炒钱"才赚钱。这种状况已严重违反了市场经济公平、普惠的基本原则，势必得到纠正。

金融生态事关社会稳定大局，是各国金融监管机构的重要责任。特别是2008年国际金融危机后，由金融消费服务而引发的纠纷和矛盾日益突出，消费者金融权益被侵害的现象时有发生，以美国为代表的金融市场发达国家和地区对金融消费者保护问题给予了前所未有的关注，在加强对金融消费者权益的保护上已达成共识。2011年10月，20国集团公布了《20国集团金融消费者保护最高原则》；经济合作与发展组织公布了《20国集团金融消费者保护高层原则公共咨询方案》；国际消费者联盟发表了《我们的金钱，我们的权利：全球消费者运动如何争取公平的金融服务》。2010年7月美国成立了消费者金融保护局，并由国会通过了《多德—弗兰克华尔街改革与消费者保护法案》；2010年6月英国成立了"金融行为准则局"（FCA），在其官网上，全面引导金融消费者通过正确途径和手段维护自己的合法金融权益；中国台湾也在2011年6月公布了"金融消费者保护法"，包括银行业、证券业、保险业、电子票证业等均受到严格监督。

中国的"一行三会"均已成立了金融消费者保护部门，不仅规范本行业内的金融服务，还制定了交叉性金融业务对消费者的风险防范制度，促进消费者保护工作。

1996年，我有机会到英国伦敦学习考察。大凡到伦敦的外国游客一般都会前往全球十大宫殿之一——伊丽莎白皇宫参观，皇宫前的伊丽莎白广场每天时近正午，都会涌来许许多多的游客，驻足观望皇家卫队的换班仪式。这其中少不了警察的维护。令我感到十分惊讶的是，那一位位警官，气质儒雅，和蔼可亲，不时点头向游客微笑。在这种环境下，游客自然非常配合警察的工作，这与当时我们印象中的警察形象截然不同，我就好奇地询问了陪在我们身边一起观看表演的英国国民西敏寺银行的同行菲西亚小姐，她对我说："在英国，警察是人民的保姆，人民是警察的父母，大家都是这么认为的。"

这个小故事，对于从事服务行业的人具有很深的教育意义，也就是说多考虑一下对方的感受，多从对方的利益思考一下，也许你的工作才会被人接受和可持续。金融机构作为经营者，追求的是金融产品最大的交换价值，而客户追求的是金融产品的使用价值，两者的利益在客观上是背离的，但是俗话说"君子爱财，取之有道"，只有建立在公平、高水准、专业化的基础之上，才能赢得客户的忠诚。

银行界应该学习苹果和谷歌的体验，要让用户充分自然而简单地感知你，而不是将网银上80%的常用功能淹没在无数的分类和按钮中。苹果公司的设计主管称："虽然银行业资产雄厚，知名度很高，但是在全球20个最受欢迎和热爱的消费者品牌中，没有一家是银行，这是一个重要的事实！"

保护消费者，首先应该从消费者的角度出发提供优质金融服务。现在很多人对银行的理解就是金融，或者是在存、贷、汇基础上的延伸。随着互联网的应用，"体验"将是下一步银行重要的服务要素。银行的体验有很多接触点，不仅仅只是网点、在线银行、客服等常规的体验，还有更具有投资增值意义的服务体验。欧美银行已在尝试向大众用户通过授权，把各种账户（如支票、储蓄、股票和退休金等）信息与客户在本行的理财账户连接在一起，不仅能自动更新用户的财务资讯，同时将各种收支信息进行归类（如餐饮、娱乐、购物、储蓄等），为用户提供一个"个人财务中心"，理念是"下一代的个人资本顾问"，制订理财方案，搜寻收益不佳投资，削减隐藏的经纪费用，提供简洁易读的图表，帮助评估风险和比较收益等。欧美的私人银行提供主题投资服务，做专一群体的投资顾问，例如对云计算、移动互联网、3D打印等（股票、债券等最多达30余只）的投资，客户可以根据自己的投资理念，从平台上选择该行已有的产品直接使用，也可以修改（包括调整其中包含的股票/基金组成和比重）后使用，从而为客户提供了强大的自助式投资组合工具。同时，引入社交机制，客户可以把自己的投资组合分享给好友或选定的好友圈，互动讨论和优化。

德国有2 700多家银行，每百万人口就有超过515个银行分支机构，远远高于英国和法国的水平，可见德国银行业的竞争激烈状况。由于德国实行金融混业经营的模式，银行就成了客户最重要的投资顾问机构，帮助客户选择存款、股票、债券、外汇、保险及金融衍生品是每天都要做的工作。这不仅要求银行员工必须具备全面的专业知识，更要求其拥有高尚的职业道德，选择合适的产品为客户当好投资参谋。很多国际大型银行利用互联网开发了实时咨询服务平台，用户在银行官网上浏览，可以及时得到后台员工的文字回复，如遇紧急情况还可电话咨询。银行的这些服务虽然大部分已外包，但银行所提供的服务却维护了金融消费者的权益。

　　宁波天一广场上，一位打扮时尚的姑娘走进一家银行的ATM自助服务区取款。当她从钱夹内取出信用卡时，另一张银行卡不小心也被带出，滑落在防护舱地上，但她并没有察觉，仍在继续取款。这时，自助服务区上的话筒传出提示："您好，这里是银行集控中心，您可能有一张卡掉在地上，请您立即察看，以防丢失。"姑娘闻声低头一看，这才发现自己掉了一张卡。没过多久，有人悄悄靠近这位姑娘，张望她正在操作的ATM。这时，自助服务区上的话筒又传出提醒："请正在办理业务的客户，注意您的现金和人身安全。其他客户办理业务请依序等候，谢谢配合。"听到提醒，姑娘警觉地看了看周围情况，而张望的可疑人员注意到自己的一举一动已被密切监视，迅速转身离去。

这不是科幻电影中的一幕，而是银行利用集中监控中心平台为客户提供安全服务的一项功能，已在宁波的许多银行得到实施，仅宁波银行集中监控中心，2013年上半年就提醒客户注意交易安全超过800次。

　　建设银行宁波市分行提出了"民本通达"的理念，主创了"社保安民、教育慧民、医疗健民、文化悦民"的金融服务方案，受众对象超过300万名宁波市民。工商银行宁波市分行通过开展"打造卓越金融服务，建设客户满意银行"活动，不断完善消费者权益保护机制，努力构建诚实、守信、健康、和谐的金融消费环境。

　　近年来，随着我国金融体制改革的持续推进，金融创新不断深化，金融服务与消费者的关系日益密切，而国内金融消费者的金融知识和经验相对匮乏，尚不能适应当前金融产品和服务复杂化的趋势。我国对金融消费者权益的保护工作，需引起金融界和社会各界的高度重视。

# 同业金融合作篇

篇前语：

宁波市银行业协会同业合作专业委员会是经宁波市民政局注册登记的社会团体分支机构，是宁波市银行业信贷业务、公司业务、投行业务、机构业务、房地产业务等对公板块业务的自律合作组织。

自2010年10月成立以来，在宁波市银监局、宁波市银行业协会的领导下，同业合作专业委员会本着"公平公正、民主集中"的原则，在倡导对公金融服务理念、创新对公金融业态、加强全市银行业对公板块基础建设、促进全市信贷风险防范、维护市场秩序等方面作出了积极的探索，取得了一定的成效。

本专业委员会现有成员单位54家，自成立以来已先后举行了十余次活动，通过了若干合作文件，现将有关内容作一呈录，以备考证。

晚雲曉月水中央花認文官巧弄妝如此

風光驚艷麗何來蕭瑟白頭郎

戊子秋臨白龍山芙蓉圖楊麗□可記之

# 宁波市银行业同业合作纪实

## 成立大会

一、时间：2010年10月13日

二、地点：宁波东港喜来登大酒店

三、嘉宾：宁波银监局副局长施先强

宁波市银行业协会专职副会长李珍珍

四、内容：

1. 宣布宁波市银行业协会同业合作专业委员会成立

2. 通过宁波市银行业协会同业合作专业委员会工作规则

3. 选举宁波市银行业协会同业合作专业委员会领导成员

4. 宁波市银监局领导对同业合作专业委员会作工作指示

5. 协商宁波市银行业银团贷款实施细则

6. 专家讲座：不断创新发展的银团业务

7. 宁波市第一次银行业银团贷款项目洽谈交流

8. 商议关于建立宁波市行业信贷信息交流平台的方案

9. 协商宁波市银行业对公业务季报交流办法

10. 申报宁波市银行业专家委员

11. 提交成员单位对公板块通讯名录

选举产生了第一届同业合作专业委员会领导班子

主任委员：陆建范（农业银行）

副主任委员：虞　旦（国家开发银行）

　　　　　　陈柳荫（工商银行）

　　　　　　张一敏（建设银行）

## 2010年第四季度例会

一、时间：2010年11月19日

二、地点：江苏溧阳天目湖涵田温泉度假村

三、嘉宾：国家开发银行江苏省分行银团专家

四、内容：

1. 2010年宁波货币与金融市场对信贷投向的影响

2. 江苏省银行业银团贷款经验介绍

3. 中外银团贷款发展史概要

4. 全市银行业首届银团项目商洽会

5. 讨论2011年同业合作专业委员会工作计划

## 2011年第一季度例会

一、时间：2011年3月15日

二、地点：交通银行宁波分行

三、嘉宾：中国人民银行宁波市中心支行货币信贷处鲍处长

四、内容：

1.邀请市级金融管理机构解读2011年宏观信贷政策

2.各成员单位交流本行2011年信贷政策的特点

3.协商与通过2011年本专业委员会工作计划

# 2011年第二季度例会

一、时间：2011年7月11~12日

二、地点：余姚市阳明温泉山庄

三、嘉宾：宁波银监局监管一处处长严斌

四、内容：

1.通报与分析全市金融业第二季度对公业务概况

2.协商全市银行业近期信贷政策焦点问题

3.商议全市银团贷款出现的新情况

4.协商全市银行业银保代理若干问题

5.通过银信合作，解决中小企业融资难问题

6.向风投公司推荐本市优秀中小企业

7.商议政府融资性平台如何充实资本金问题

# 2011年第三季度例会

一、时间：2011年11月8日

二、地点：宁波开元名都大酒店

三、嘉宾：宁波市金融办副主任王勉

香港科技大学教授王文博

四、内容：

1. 传达与贯彻温家宝总理视察浙江的有关精神

2. 传达浙江省工业经济座谈会的有关精神

3. 中国人民银行宁波市中心支行作当前金融与外汇形势分析报告

4. 交流与商讨控制信贷风险的合作机制

5. 交流宁波市银行业服务小微型企业的经验

6. 国际学术报告：科技革命下的服务业机遇与挑战

7. 推荐优秀意向上市企业引进战略投资者

8. 增补选举副主任委员：

景学峰（工商银行）

（因工作调整免去陈柳荫副主任委员）

# 2012年第一季度例会

一、时间：2012年2月28日

二、地点：宁波东港喜来登大酒店

三、嘉宾：宁波银监局副局长施先强

四、内容：

1. 传达全国金融工作会议、中国银监会年度工作会议、全省农村经济工作会议有关精神

2. 分析全市银行业对公板块2011年业务概况

3. 商议2012年对公板块"美丽乡村"、"小微企业"、"实体转型"、"重点项目"、"金融国际化"专项活动计划

4. 书面交流2012年成员单位对公业务发展思路

5. 商议本专业委员会2012年度工作计划

秋到吾花眼倍明縁雲重萼
備彩還生素華忌砕霜天
亮軟渡簡秋白雪鴻
唐解元畫菊篝甲月五門□
撫城陸飲元意□遠臺平□□

仿恽寿平菊花图 绢本 55cm×135cm

## 2012年第二季度例会

一、时间：2012年4月20日

二、地点：杭州临安和润世家大酒店

三、嘉宾：宁波银监局领导

四、内容：

1. 全市各级平台类贷款项目合作商洽会

2. 全市新农村建设项目合作商洽会

3. 传达浙江省、宁波市第一季度经济工作会议有关精神

4. 通过银行业对公板块风险预警合作机制

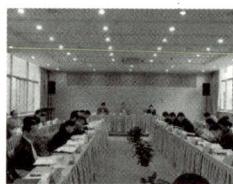

## 2012年第三季度例会

一、时间：2012年7月23日

二、地点：宁波东港喜来登大酒店

三、嘉宾：新加坡管理大学金融学教授、
　　　　　亚洲私募股权研究学院院长曹夏平

四、内容：

1. 传达国家金融主管部门最新宏观调控方向

2. 交流上半年各行对公金融板块业务发展情况

3. 贯彻落实银监会"七不准"情况经验交流

4. 国际学术报告："天使基金"的运作及其他

# 2012年第四季度例会

一、时间：2012年11月1日

二、地点：温州市苍南县国际大酒店

三、嘉宾：温州苍南县副县长徐海峰、

温州银监局局长赵秀乐

四、内容：

1.听取苍南县主要领导对苍南经济社会情况的介绍

2.听取温州银监分局局长赵秀乐主要领导对辖内金融风险
   现状的分析

3.传达银监会副主席周慕冰最近的重要讲话精神

4.传达省、市第三季度经济分析工作会议精神

5.各成员单位交流控制信贷风险的经验

6.通过宁波市金融同业风险预警合作办法

7.增补副主任委员：

庄建军（中国银行宁波市分行）

李晓明（建设银行宁波市分行）

（因工作调整免去张一敏副主任委员）

仿恽寿平菊花图（局部）

## 2013年第一季度例会

一、时间：2013年3月8日

二、地点：农业银行宁波市分行

三、内容：

1. 传达银监会学习贯彻十八大精神的主要举措

2. 传达2013年各级金融监管机构年度工作会议精神

3. 传达当前宏观经济运行及银行业风险情况

4. 交流支持宁波市产业转型或新农村建设的工作思路

5. 讨论关于筹建宁波市银行业"金融桥"电子商务平台的提案

6. 讨论关于编辑《2012年宁波市对公板块大事记》的提案

7. 讨论2013年同业合作专业委员会工作计划

# 2013年第二季度例会

一、时间：2013年6月14日

二、地点：江苏省张家港市国贸酒店

三、嘉宾：张家港经济开发区财政局副局长徐溪椿

建设银行张家港市分行行长万海敏

四、内容：

1. 听取张家港财政局介绍该市新农村建设情况

2. 听取建行张家港市分行创新产品支持新农村建设情况

3. 传达2013年第一季度全省、全市国民经济发展情况

4. 交流宁波市新农村建设合作项目

5. 讨论"金融桥"项目理事会章程与需求书

6. 参观张家港市新农村示范社区

历次会议通过文件

1. 《宁波市银行业银团贷款实施细则》

   （2010年10月成立大会）

2. 《宁波市银行业政府融资平台贷款合作会议纪要》

   （2012年第二季度会议）

3. 《宁波市银行业控制信贷风险合作管理办法》

   （2012年第四季度会议）

4. 《关于"金融桥"电子商务平台提案报告》

   （2013年第一季度会议）

# 宁波市银行业对公业务纪实

编者按：

　　2012年宁波市银行业对公业务在宁波银监局、宁波市银行业协会的领导下，为推动宁波市经济发展、产业转型和新农村建设发挥了重要作用。全年对公金融投入新增超过2 500亿元，创新各类金融服务与金融产品，较好地满足了社会各界对金融服务的需求。为了记录和见证2012年宁波市银行业对公板块的发展历程和重要事件，并加以宣传褒扬，促使会员单位之间学习借鉴，不断推陈出新，满足宁波市社会发展对金融服务的新要求，宁波市银行业协会同业合作专业委员会特编辑2012年宁波市银行业对公业务大事记，以备考证。

　　**1月8日，杭州银行宁波科技支行开业。当天，宁波市鄞州区人民政府与杭州银行战略合作协议签约暨杭州银行宁波科技支行开业仪式在宁波开元名都大酒店举行。**宁波市政府副秘书长、市金融办主任姚蓓军，鄞州区委常委、常务副区长沈权，人民银行宁波市中心支行副行长周伟军，宁波银监局副局长施先强等相关领导，杭州银行总行行长俞胜法等出席了开业仪式。经过一年的努力，该行实际投放科技型企业177户，其中国家七大战略性新兴产业达到了154家；累计发放科技型企业贷款超过10亿元，年末贷款余额为9.3亿元；科技型客户占杭州银行宁波分行对公信贷客户的比重达到25%；贷款余额占比达到16%。

1月11日，上海银行宁波分行、宁波市名牌产品促进会、《现代金报》报社、中国宁波网联合主办的上海银行杯2011"品牌宁波年度人物"颁奖盛典在宁波金港大酒店举行。本次评选活动从2011年12月初启动以来，由宁波市各新闻媒体以文字、网络、音视频等形式进行了全程报道。经过评选，15名"品牌宁波年度人物"和29名"品牌宁波（行业）年度人物"从400余位报名企业中脱颖而出。

1月20日，招商银行宁波分行大力助推船舶融资租赁业务。该行与招银金融租赁有限公司合作，船舶融资租赁业务签约额度突破10亿元，先后为宁波天盛海运、宁波丰华船务、宁波江海海运等5家企业提供融资近10亿元，有效支持了宁波地区航运企业的发展。

1月22日，泰隆银行宁波分行以"送你一张车票，温暖回家路"为主题的公益活动在所辖七大区域同期举行。据统计，共有2 056人登记报名，各业务团队举办各类形式的推广活动总计72场，覆盖社区、村居46个，其中90名参与者喜获"免费回家"机会，共有6家宁波主流媒体对活动进行了11次报道。

2月15日，华夏银行宁波分行积极向客户推介电子商业汇票业务。电子汇票可以减少纸质票据流通风险，加快企业资金周转效率，提高支付结算服务水平。该行全年累计签发电子商业汇票161笔，金额达61.27亿元，有效发挥了电子商业汇票业务对实体经济的促进作用。在2012年中国人民银行宁波市中心支行组织的宁波市电子商业汇票业务竞赛活动中获得综合优胜单位二等奖。

2月17日，浙江省农信联社宁波办事处在宁波农信系统开展"进村入企"金融服务送基层活动。活动期间，全市农信系统各级领导干部带领广大员工深入全市2 600多个行政村和企业客户进行走访调研，做到深入基层、深入群众"两深入"，所有行政村和困难企业"两覆盖"，服务企业、服务基层"两服务"，积极主动地为基层和客户办实事、解难题。截至活动结束，全系统共开展走访活动15 292人次，走访基层网点2 301个，走访行政村3 052个、企业9 889户、农户35 843户，收集各类意见和建议3 333条，解决难题3 531个，办成实事3 308件。

2月20日，交通银行宁波分行首次突破融资租赁业务。为慈溪市自来水总公司量身定做融资租赁方案，通过交银租赁公司的支持和配合，成功为慈溪市自来水总公司发放1.5亿元5年期的融资租赁款。

2月29日，工商银行宁波市分行新增70亿元贷款助推中小企业快速发展。据统计，至2月底，工商银行宁波市分行累计发放贷款70亿元用于支持宁波中小企业的快速健康发展，并将支持发展作为长期发展战略来贯彻执行。在金融服务上，工商银行宁波市分行优化资源配置，积极引导中小企业转型升级；推出"网贷通"小企业网络融资贷款业务；坚持"绿色信贷"标准，持续加大对小企业"绿色信贷"产品的创新力度。

3月1日，光大银行宁波分行通过医院租赁业务助推宁波市多家医院改造升级。光大银行宁波分行积极利用集团优势，强化集团内部联动，通过光大租赁利用租赁贷款方式有效地为宁波市医疗卫生系统升级改造提供资金保障，累计成功为江东区、镇海区、奉化市及鄞州区四个区县卫生系统发放了11亿元融资租赁贷款，有力地支持了四个区县下属医院的改造升级工作。

3月6日，工商银行宁波市分行多措并举支持涉外实体经济。该行自年初以来连续多次下调国际贸易融资利率，以实际让利的方式，切实支持涉外企业发展，并依托工商银行全球最大的服务网络，通过加强与海外分行和代理行的合作，积极引入海外低成本资金，降低企业融资成本。

3月7日，农业银行宁海县支行与宁海长街镇签署《宁海县农村金融综合服务试验区建设战略合作协议》。今后几年，农业银行将积极助推长街镇建设成为宁海县农村金融综合服务试验区、浙东海岸农业循环经济示范区、三门湾区域开发建设综合配套服务区和现代化滨海新城。

3月9日，农业银行宁波市分行与海军东海舰队建立全面战略合作关系。农业银行总行副行长蔡华相、总行机构业务部总经理求夏雨分别对海军东海舰队和东海舰队航空兵司令部进行走访，听取部队对改善金融服务的意见。

3月9日，由宁波市物流协会主办、临商银行宁波分行承办的"金融、物流共进"沙龙活动在宁波钱湖悦庄酒店举行。宁波市政府副秘书长张延、宁波市服务业综合发展办公室副主任叶正富、宁波市金融办研究发展处副处长张鹤应邀参加并作了重要讲话。

3月14日，为进一步推进农村信用体系建设，改善农村信用环境，浙江省农信联社宁波办事处与宁波市农办合作，联合开展了农信系统信用户、信用村（社区）、信用乡（镇、街道）评定工作。共评出市级信用村40个、信用镇8个，推荐创建省级信用村13个、省级信用镇4个。

3月27日，经宁波市银监局核准，恒丰银行宁波分行正式对外营业。

　　3月28日，由国家外汇管理局宁波市分局主办、中信银行宁波分行承办、9家银行协办的"中小企业外汇金融服务年"主题活动"外汇金融支持企业'走出去'推进会"在宁波万豪大酒店召开。

　　4月8日，广发银行宁波分行与慈溪毛绒行业协会签订了战略合作协议。该行积极搭建银企合作平台，拓宽金融服务渠道，面对纺织行业整体下滑趋势，认真分析调研纺织行业，认准纺织行业中毛绒行业的发展优势，与慈溪毛绒行业协会签订了战略合作协议，为协会下属的78家会员单位提供金融支持和服务，支持企业产业升级。

　　4月10日，宁波银行于宁波开元名都大酒店举行"感恩十五年，宁波银行助力中小企业成长"大型新闻发布会，正式对外宣布该行百亿元资金助力小企业的系列举措，以感恩、回馈这一特殊的方式庆祝该行成立十五周年。中国人民银行宁波市中心支行副行长周伟军，宁波银监局副局长施先强、监管三处处长崔宇杰莅临会议现场并致辞。20多家多年来与该行共同成长的企业、40余家全国主流媒体、宁波本地媒体等100余人参加了此次发布会。

4月16日，宁波通商银行举行成立大会，中国银监会原主席刘明康，市委副书记、市长刘奇揭牌，副市长苏利冕出席。

4月17日，农业银行宁波市分行启动"伴您成长"百家小微企业成长计划。在全市范围内优选首批100家优质小微企业作为重点扶持对象，今后三年该行将安排30亿元专项规模进行重点支持。

4月18日，华夏银行宁波分行正式启动"千名客户经理进万家"活动。88名客户经理分成7个小组持续深入到乡镇、基层等小微企业密集区域，有针对性地开展进园区、进市场、进企业、进商户活动，与小微企业和个体工商户对接签约共24户，信贷支持对接金额为1.32亿元。

4月20日，招商银行宁波分行成功举办"千鹰展翼"计划创新成长型企业业务推介会。会议邀请了40余家创新成长型企业以及数家国内知名股权投资机构参加，与3家创新成长型企业签订了贷款合作意向书，与3家PE机构签署了战略合作备忘录。

4月20日，民生银行宁波分行成立宁波市首单保险投资债权计划项目。"人保—宁波交投债权投资计划"项目是宁波市也是浙江省第一单成功批复的保险投资债权计划托管业务，在当前银行资本紧缺、稳存压力较大的情况下，该项目成功运作，构建了"托管＋融资"的业务新模式，开辟了负债业务、中间业务的新渠道。

4月21日，宁波银行在南苑环球酒店举办"携手成长·扬帆起航"研讨会，进一步拓宽中小企业融资渠道，助力优质中小企业上市。会议邀请了市金融办、东方证券、安永会计师事务所、金杜律师事务所、上海股权托管交易中心、中信产业基金、天堂硅谷、盛世宏明基金等政府及机构代表，与40余位拟上市的浙江企业家分享了境内外资本市场的最新资讯和运作模式。

4月27日，中国银行宁波市分行承办全市"中小企业外汇金融服务年"主题活动"百家成长型外贸企业专场活动"。本次活动的重点为提高企业外汇业务便利度、加大对企业外汇资金的支持、让利于企业等。

4月28日，国家开发银行与宁波市政府高层联席会议暨《开发性金融支持宁波市"六个加快"战略重大项目建设合作备忘录》签字仪式在宁波举行。国家开发银行董事长陈元、副行长袁力，宁波市委书记王辉忠、市长刘奇等出席。会上，董事长陈元向市委书记王辉忠递交了宁波市分行联合宁波市发改委等部门编制的《浙江海洋经济发展示范区宁波核心区系统性融资规划》，并表示将积极发挥"投贷债租证"综合金融服务优势和开发性金融引领作用，围绕宁波"六个加快"战略，加大对宁波的支持力度。

**5月3日，建设银行宁波市分行与杉杉集团签订银企战略合作协议，持续深化银企合作。**宁波市政府副市长王仁洲，宁波市政府副秘书长姚蓓军，市银监局副局长吕碧琴，杉杉控股董事局主席郑永刚与中国建设银行总行批发业务总监许会斌，分行领导苏克、任国正、陈慧芳、叶进等出席签约仪式。

**5月21日，北仑信用联社与中国人民财产保险公司宁波分公司合作开展"城乡小额贷款保证保险贷款"。**该种贷款有效缓解了"三农"小企业和城乡创业者抵押担保难问题，切实发挥了农村合作金融机构在"保增长、惠民生、保和谐"上的重要作用。至年底，该联社小额贷款保证保险贷款企业共计13户，贷款余额为1 410万元。

**5月22日，鄞州银行与德国国际公司（IPC）合作微小贷款项目启动，特色为全额信用贷款。**至年底，开设机构12家，累计发放贷款2 467笔，金额61 754万元；年底微小贷款余额达到42 759万元，比年初净增35 872万元。

5月25日，由宁波市海洋与渔业局、民生银行宁波分行共同举办的海洋渔业发展论坛暨中国民生银行宁波分行海洋渔业特色业务全面启动大会隆重举行。宁波市各级政府领导，农业部专家，宁波市金融办、中国人民银行宁波市中心支行、宁波银监局等部门领导，渔政部门领导，海洋渔业企业家等近200人出席了本届论坛。会上民生银行宁波市分行与宁波市海洋与渔业局签订了30亿元战略合作协议。

6月1日，象山农村信用联社在象山县慈善总会设立2 000万元济困冠名基金。该基金采用留本捐息方式，投入本金2 000万元，约定5年，每年出资100万元。首期100万元慈善金已入捐慈善总会账户。该联社成为迄今象山县本金投入最大的爱心单位。

6月11日，临商银行宁波分行与重汽集团、华港集团及浙江燃气公司联合举办了液化天然气清洁能源集卡车应用推广会。该行为了积极支持发展低碳经济，促进绿色能源汽车贷款业务的发展，与中国石油华港燃气集团公司、浙江豪运汽车销售服务有限公司签订了三方合作框架协议。此项新业务既丰富了该行的物流金融产品，又提升了该行的区域知名度和同业竞争力。

6月15日下午，临商银行宁波分行与宁波市出租车协会举行合作签约仪式。宁波市出租车协会常务副会长徐玉书、副会长张高雄、秘书长李国范，宁波市银行业协会秘书长徐新波，临商银行宁波分行副行长葛仲泰以及10家出租汽车公司负责人出席了签约仪式。该行将为宁波市1 800余辆出租车的更新和新增500辆出租车提供1亿元信贷资金。

6月15日，由上海银行宁波分行承办、国家外汇管理局宁波市分局和宁波市台办主办的"台资企业外汇金融服务月"活动启动典礼暨银企对接交流会在南苑饭店隆重举行。会上，上海银行与宁波市台办签署了50亿元综合金融服务协议，专门用于支持在甬台资企业的发展资金需求，同时，上海银行宁波分行与台湾的上海商业储蓄银行签署了一笔1 200万美元银团合约，支持了台资企业宁波东港电化有限公司项目。

6月18日，象山国民村镇银行出台《临时渔业捕捞许可证贷款业务管理办法》，将有效扭转持有临时渔业捕捞许可证的渔民无法获得贷款的局面。截至12月底，该行共发放此类贷款63笔，金额共计1 295.5万元，利率控制在0.75%以内，获得渔民一致好评。近年来，该行有针对性地开发适合当地渔民的金融产品，推出柴油专项贷款、渔船抵押贷款、渔民联保贷款、海域使用权抵押贷款和水产品加工企业担保贷款等多种"顺渔宝"系列产品，体现村镇银行本地特色，助推海洋经济发展。

6月22日，宁波银行针对小微企业融资存在的金额小、频率高、用钱急的特点，推出了"E家人"平台。企业客户不仅可以在线提交贷款申请、咨询业务，还可以结交生意伙伴，免费发布产品、供求信息，浏览资讯等。

6月28日，建设银行宁波市分行正式试点电子商务金融服务平台"善融商务"。"善融商务"以"亦商亦融，买卖轻松"为出发点，为企业和个人提供商品交易、支付结算、托管、担保、融资的全流程综合性电子商务服务和金融支持服务。

6月29日，浦发银行宁波分行联合宁波市经济和信息化委员会开展"支持实体经济、解决中小微企业难题"联合活动推进仪式暨浦发银行"吉祥三宝"产品推介会。

7月6日，中国人民银行总行李东荣副行长一行到民泰商业银行宁波分行调研"手机民捷卡"并作出肯定评价。该行首发的"民泰随意行"自助循环贷款（手机民捷卡）是全国首个金融IC卡手机信贷产品，先后被中国人民银行总行列为科技创新项目，自在宁波分行试点运行以来，2012年得以大力推广，并获得中国人民银行宁波市中心支行"智慧产品推广奖"。

7月10日，中国建设银行与宁波市人民政府签订《支持宁波海洋经济发展战略合作协议》。该行把宁波海洋经济核心示范区列入重点支持对象，努力提供全面综合的金融服务。签约仪式上，建设银行宁波市分行同时与宁波市水利局、宁波城建投资控股有限公司、宁波交通投资控股有限公司、宁波机场与物流园区管理委员会、宁波市海源新农村建设投资有限公司等六家单位签订了具体的项目合作协议。

7月16日，由象山县绿叶城市信用社改制而来的宁波东海银行正式开业。

7月21日，农业银行宁波市分行举办"宁波·绿色经济2012国际报告会"，并刊发了中国农业银行宁波市分行绿色经济社会责任专刊。报告会邀请了北京大学、香港科技大学、新加坡管理大学等著名专家分别介绍了"天使基金"、服

务业的信息化、金融品牌管理等内容，全国20家媒体对此进行
了报道。

11月13日，浦发银行宁波分行与浦发银行香港分行共同签署了联动合作框架协议。

11月22日，鄞州银行在全国银行间债券市场公开发行20亿元专项金融债。这是国内首家农村金融机构获准发行此类债券，所募集资金将全部用于小微企业贷款。

11月20日，中国进出口银行宁波分行大力支持梁祝文化公园升级改建，对项目一期给予了总额为1亿元的贷款支持。

12月20日，国家开发银行宁波市分行与北仑区政府共同举办人才金融中心成立授牌暨首批企业签约仪式。该中心是全国首家集政策指导、财政扶持、金融服务为一体专业服务于高层次人才创业和创新型企业发展的综合性金融服务窗口，是对国内高层次人才创业期融资难问题的一种探索。

12月31日，兴业银行宁波分行"绿色金融"贷款余额达9.58亿元，涉及项目17个。

12月31日，宁海信用联社以"支付服务进村入户、农民足不出户可缴费、身不出村存取款"为目标，在宁海全县建立了363个村级便民服务中心。实现联社农村金融便民服务点全部进驻，积极实施农村联络员、窗口咨询、金融指导员驻村等七项制度。基本实现了"ATM分布到全县各个乡镇，POS机布放全辖乡镇无盲点"的目标。

两极 系列一 纸本

# 宁波市银行业银团贷款实施细则

### （2010年10月通过）

为了规范宁波市银行业银团贷款市场有序发展，实现银团贷款操作的规范化、程序化，根据《贷款通则》、《银团贷款业务指引》、《宁波市银行业银团贷款合作规程》等有关法规、制度，参照国内银行间通行做法，制定本实施细则。

## 第一章　总　则

第一条　本细则所称"银团贷款"是指由两家或两家以上成员行基于相同贷款条件，依据同一贷款协议，按商定的期限、用途、额度、利率、担保方式、风险偏好等相同的贷款条件和约定的时间、比例，采用同一贷款协议，通过代理行向同一借款企业或项目提供贷款或授信。

银团贷款业务包括银团贷款资金安排和相应的融资顾问服务两部分。

第二条　银团贷款业务适用于客户的大额融资需求，包括项目融资、企业并购、资产重组等过程中的结构性融资及过渡性融资等。

第三条　符合《宁波市银行业银团贷款合作规程》中第六条约定的银行贷款，均应筹组银团贷款。

第四条　成员行应自觉遵循"自愿参与、风险共担、利益共享"的合作原则，共同维护金融市场秩序，以避免同业间无序竞争。

第五条　成员行组团操作必须遵守国家法律、法规，符合国家产业政策，执行国家信贷政策，各成员银行应恪守信用，平等互利，密切合作，共同防范贷款风险。

## 第二章　组团规则

第六条　银团贷款组团必须以"公平、公正、公开、透明"原则为基础。所有成员行均享有牵头和参与组建银团贷款权利和义务。

第七条　银团贷款组团可由借款企业指定或委托一家成员行发起。

第八条　借款企业拟通过银团贷款形式进行融资或按相关规定应该组建银团贷款的项目，有两家或两家以上银行竞争牵头行的，参加银行应通过协商的方式依次按照以下条件确定牵头行，协商未能达成一致的，任何一家参加行有权申请宁波市银行业协会同业合作专业委员会（以下简称同业委员会）审议确定。

1.借款企业指定一家成员行牵头行的，以正式的《银团贷款委托书》确定。借款企业向多家成员行出具多份《银团贷款委托书》的，按时间顺序排列，以第一份《银团贷款委托书》确定牵头行。如果在银团贷款未确定前（即在未正式提交同业委员会审议前），若借款企业根据项目需要，重新指定牵头行的，并在《银团贷款委托书》注明对此前委托事项无效，以该新出具的《银团贷款委托书》为准。

2.在叙做银团贷款前，成员行已对该项目开工前期基础建设发放短期贷款，在其他成员行对该项目无融资情况下，则由已发放贷款的成员行牵头，如有两家以上成员行发放贷款的，则以已放贷款金额较大的成员行优先。

3.在该项目正式批准开工后，已对该项目签订借款合同的，则由已签订借款合同成员行牵头。如有两家以上成员行已签订借款合同的，则以签订借款合同金额较大的行优先。借款企业项目在续建期间，成员行已对项目发放贷款的，则由已发放贷款的成员行牵头。如有两家以上银行发放贷款的，则以已放贷款金额较大的行优先。

4.项目正式立项批准后，对于贷款评估尚未完成的，按照成员行正式承诺贷款的金额大小和时间先后顺序确定牵头行；在正式组团前完成审批手续的银行中，承诺贷款金额大的银行作为牵头行，有两家或两家以上银行承诺金额相同或相近时，按照审批时间在先原则确定牵头行。

5.对该项目已经立项或达成意向性协议，并已报上级行待批的，按照"谁先批准，谁牵头"。

6.如未达到上述五项条件的，同一项目多家银行提出作牵头意愿，且客户放弃选择牵头行，则由同业委员会按各行实际情况，结合平等互利原则，确定成员行牵头。

## 第三章　银团贷款流程和职责

第九条　按照在银团贷款中的分工和职能，分为牵头行（副牵头行）、代理行、参与行等角色。

第十条　牵头行是银团贷款的组织者和安排者。主要操作流程为：

1. 按照《商业银行授信工作尽职指引》的要求，对借款企业或贷款项目进行贷前尽职调查，并在此基础上与借款企业进行前期谈判，商定贷款的用途、额度、利率、期限、担保形式、提款条件、还款方式和相关费用等，并据此编制《银团贷款信息备忘录》；

2. 确定拟邀请参加银团的银行名单，根据实际情况制定贷款银团的筹组策略，安排贷款日程，采取路演、推介会或通过同业委员会组织召开的协调会等方式向参与银行介绍借款企业（或项目）情况；

3. 对有意参加银团的银行，发出《银团贷款邀请函》、《贷款条件清单》、《银团贷款信息备忘录》；

4. 负责"银团贷款合同"、"银团贷款银行间合作协议"、"银团贷款担保合同"等银团文本的谈判、起草、签署工作，商定各成员银团贷款的份额；

5. 确定银团的副牵头行、代理行和参与行；

6. 组团结束后，向同业委员会报送银团贷款项目申报表；

7. 组织、协商其他需要共同商定的问题或事项。

第十一条　代理行为银团贷款协议签订后接受委托对银团资金进行管理的银行，原则上由牵头行确定，也可以由银团贷款成员行协商确定。主要操作流程为：

1. 按照银团贷款协议的要求，审查、督促、落实借款企业前提贷款条件，办理银团贷款的担保抵押手续，并负责抵（质）押物的管理工作；

2.开立专户管理银团贷款资金，根据约定放款日期或借款企业的用款申请，按照银团贷款协议约定的承贷份额比例，通知银团贷款成员将款项划到指定账户，对贷款专户资金的变动情况进行逐笔登记；

3.划收银团贷款利息和代收相关费用，并按承贷比例和银团贷款协议约定及时划转到银团贷款成员指定的账户；

4.按合同规定回收贷款本金，并按照贷款比例和合同约定划到各成员行指定的账户；

5.负责银团贷款使用情况的监督检查和贷后管理工作，银团贷款存续期间，有义务向所有银团贷款成员通报银团贷款发放、收回和贷后管理等情况；

6.关注借款企业财务状况，发现异常情况及时通知各参与行；

7.借款企业出现违约事项时，应及时组织银团贷款成员行，主动、及时对违约贷款进行清收、保全、追偿或其他处置；

8.银团贷款出现风险时，代理行应立即通知牵头行及参与行，及时成立银行债权委员会，对贷款进行清收、保全、重组和处置，必要时可以申请仲裁或向人民法院提起诉讼；

9.接受各银团贷款成员不定期的咨询与核查，办理银团会议委托的其他事项等。

第十二条　代理行应勤勉尽责，严格执行银团贷款协议，按照协议保障银团利益，公平地对待银团各成员行，不得利用代理行的地位损害其他成员行的合法权益。

第十三条　因代理行不作为导致银团利益受损，银团成员行有权要求召开银团会议或委托同业合作专业委员会，根据银团贷款协议载明的约定，提议更换代理行和要求损失赔偿。

第十四条　参与行是指按照银团贷款协议协商确定的承贷份额向借款企业提供贷款的银行，主要操作规程是：

1.按照"信息共享、独立审贷、自主决策、风险自担"的原则，根据牵头行提供的《银团贷款邀请函》及《银团贷款信息备忘录》，在全面掌握借款企业相关信息的基础上作出是否参加银团贷款的决策。

2.当《银团贷款信息备忘录》信息不足以满足审批要求时，可向牵头行追加提供相关信息或提出相关工作建议乃至直接进行相关调查。

3.银团贷款签署协议后，要严格按照约定及时、足额划拨资金至代理行指定的账户。

4.在银团贷款续存期间，参与行应了解掌握借款企业的日常经营与信用状况的变化情况，发现的异常及时通报牵头行和代理行。

## 第四章　同业委员会银团贷款业务工作规则

第十五条　同业合作专业委员会是自律性专业组织，银团贷款业务主要操作规程是：

1.倡导银团贷款理念，监督实施《宁波市银行业银团贷款合作规程》，为成员行提供协调、服务；

2.收集和披露具备组团条件的贷款项目信息，为提供银团贷款市场参与者提供信息交流的平台；

3.组建银团贷款后，应向同业合作委员会报备，由同业合作委员会负责统计银团贷款业务信息，按时通报各金融机构；

4.推进银团贷款的操作和流程的规范化；

5.负责银团贷款市场秩序的自律工作，维护和促进银团贷款市场公平；

6.协调处理银团贷款与交易中行际间发生的问题和争议事项；

7.受理银团贷款成员举报和反映，对违反本合作公约的行为依照《宁波市银行业银团贷款合作规程》进行处罚；

8.对违约情节严重的借款企业作出同业制裁的决定；

9.为了维持同业银团合作组织的正常工作，每笔银团贷款将收取一定比例的行政服务费，标准为每笔银团贷款各种手续费之和的15%，且最低每笔3 000元，最高每笔30 000元，由宁波市银行业协会代收，专项用于全市银团贷款管理与推进工作。经费管理与监督制度另行制定。

## 第五章　监督和约束

第十六条　银团贷款成员行应建立与银团贷款业务风险相适应的监督管理机制，并指定相关部门和专人负责银团贷款的日常管理工作。

第十七条　各成员行应定期向同业委员会报送银团贷款有关信息。内容包括：银团贷款存量、增量，银团贷款的利率水平、费率水平、贷款期限、担保条件、借款企业信用评级等（银团贷款统计表报送制度另行制定）。

第十八条　银团成员在开展银团贷款业务过程中如有以下

行为的，可以提请同业合作专业委员会，依据《宁波市银行业银团贷款合作规程》第七章第三十二条对其进行处罚：

1. 银团贷款成员收到代理行按协议规定时间发出的通知后，未按协议约定时限足额划付款项的；

2. 银团贷款成员擅自提前收回贷款或违约退出银团的；

3. 同业合作专业委员会已明确牵头行的贷款项目，其他成员行再擅自营销，影响牵头行组团工作；

4. 借款企业已归还银团贷款本息而代理行不如约及时划付银团贷款成员的；

5. 干扰银团统一行动，在谈判期间，降低贷款条件，擅自向借款企业（同一项目）发放该贷款或新增贷款；

6. 银团贷款存续期间，向同一项目提供有损银团其他成员利益的贷款或其他授信；

7. 违反合作公约以及其他法律法规、规章制度的行为。

第十九条　本实施细则由同业合作专业委员会负责解释。

第二十条　本实施细则自协会理事会审议通过后生效。


宁波市银行业协会

同业合作专业委员会

2010年10月

# 宁波市银行业
# 信贷决策信息数据库

### （2010 年11 月）

　　信贷决策是现代商业银行的核心工程，是对申请授信企业及授信项目进行全面综合评价后的决策，其基础是决策信息的准确性、完整性和多样性。现阶段，各银行对申请授信企业、项目进行调查分析后，所获取的信息仅限于本行范围内使用，未能实现彼此间的共享，使得各行对同一企业或项目必须进行重复调查，造成资源的严重浪费。同时，由于信息的不对称，导致银行很多时候陷入被动境地，加大了信贷决策的风险。为此，有必要建立银行间的信息沟通机制，通过银行业信贷决策信息数据库实现资源共享、互惠互利。

　　一、信贷决策信息数据库意义

　　各行在开展贷前调查时，由于受人力资源、信息获取渠道、调查方法、经验积累、经营作风以及征信企业复杂程度等因素的限制，获取的信贷决策信息存在不同程度的缺失和失真，进而影响信贷决策的科学性和准确性，增大了授信风险。另一方面，同一企业向不同银行申请授信的情形普遍存在，由于各行所掌握的信贷决策信息彼此互不相通，导致各行陷入了进行无谓重复建设的境地。当前虽然很多银行已建立了自己的信贷决策分析系统，但系统中的信息只局限于本行范围内使用，其他银行无从知晓。

银行间这种单方面、封闭式的信贷决策信息使用模式，很大程度上增加了所有银行的信贷决策成本，降低了对资源的有效利用率，同时也让银行自身处于不利的被动地位，尤其是当银行面对股权结构复杂、关联企业众多的大型企业集团客户时，银行间、银行和企业间信息的严重不对称，使各行对企业或项目的情况了解处于弱势地位。

当前，虽然人民银行的企业信用信息查询系统能一定程度上为银行的信贷决策提供参考，但该系统中录入的信息只针对银行向授信企业发放贷款后的情况进行记录，无法提供银行未发放贷款时企业方面的信息。更为重要的是，该系统所提供的仅仅是企业信用方面的信息，总体上信息内容较为简略和单一，而未能提供企业或项目的其他重要信息，包括企业的生产经营状况、财务状况、内部管理状况、项目的规划及进展情况等信息，远远不能满足银行信贷决策的需求，同时，该系统在查询使用上的便捷性也值得进行改进。

建立一个银行同业间资源共享的数据库，是对人民银行信用征信系统的一个有效补充。参与行将可在较短的时间内，迅速获取信贷决策所需的关键信息，高效地对申请授信企业或项目作出肯定或否定的判定，大大扩展信贷决策的深度和广度，加快信贷决策速度，提高信贷决策效率，减少信贷决策成本，使各行信贷决策由封闭逐步走向开放。

另外，随着这种资源共享式数据库的不断完善和成熟，它将更大地方便银行间信贷决策信息的沟通和交流，增大同业间快速达成一致的可能性，进一步扩大各行开展银团贷款的合作基础，对促进同业间实现良性竞争、共担风险、同享联盟合作的成果将发挥积极的作用。

同时，随着政府融资平台类贷款和贷款需求的迅速上升，各行若能充分利用数据库的信息，这将对授信政府平台企业解释银行界的趋同观点，让单一弱势银行有效应答有关政府部门的咨询。

二、信贷决策信息数据库内容

根据各行在信贷决策过程中对信息的需求情况，将根据信息对象的不同类别，向各行提供宁波市范围内（包括各县、市）的行业类信息和企业集团类信息两大内容。

（一）行业类信息

基于宁波地区行业发展总体状况，部分行业的信贷需求量大，银行授信额度高，社会影响广泛，因而有必要对此类行业进行重点关注。如较为热门的房地产行业、汽车行业、服装纺织业、信息产业、航运业、市政基础设施工程等。同时，对宁波本地一些较具特色的产业如文具行业、造船业、石油化工业、家用电器业等行业，数据库也会提供相应信息。此类信息的范围将限定为宁波地区规模较大的产业，以保证数据库的使用价值，增强信息的针对性。同时，此类信息将凸显其实用性，以满足银行信贷决策的实际需要，避免此类信息因过于宏观，或过于偏重理论性而无法应用于实践决策的情形。

（二）企业集团类信息

随着目前企业集团数量和规模的不断增长与扩大，企业集团内部的母公司、子公司、参股公司及其他成员企业间的关联关系变得日益复杂。而企业集团的融资需求往往较为旺盛，在多家银行均会申请授信，银行通常也会对知名度较高、资产规模较大的企业集团进行大额授信。但由于企业集团内部成员间的复杂关系，仅凭单家银行的资源和能力已无法全面、真实地获取所需的信贷决策信息。各行在信贷决策时往往因羊群效应，对企业集团的授信进行盲目跟进，未能独立识别和判断授信风险状况。数据库将最大限度地集合各行掌握的企业集团信息，实现彼此间信息共享，使各行在进行信贷决策时能清晰了解企业集团整体状况，作出更科学的信贷决策，有效预防信贷风险。

（三）数据库资料的形态、体裁

数据库资料以方便各成员单位使用为原则，对数据库中资料的具体形态不作限定，可以是对特定行业、企业的评估说明，也可以是对某个项目的调研报告，还可以是企业的数据报表等，但信息须保证能对信贷决策带来较大参考价值。

三、信贷决策信息数据库的使用规则

基于资源共享、责任共担的精神，将根据权利行使与义务承担相对称的原则，重点突出数据库使用的公益性，数据库使用规则如下。

（一）提供信息

数据库中的全部信息均由各成员单位无偿提供。成员单位将本行所掌握的特定行业和特定企业集团客户的信息资料，上传至信贷决策信息数据库中。上传的信息资料，须保证其权威性和可靠性。数据库将根据各成员单位的上传数量，给予相应的积分。上传数量越多，积分越多。同时，为保证信息的实用程度，避免出现只上传无用或价值不高信息，而下载有较高价值信息的情形，系统将设置让信息使用单位对该信息进行评价打分的功能，通过加权计算得出该信息的积分权重。数据库将根据各成员单位的信息提供数量、信息来源级别以及所提供信息的被访问量综合计算其系统积分。会员单位凭其系统积分才能进入系统查询相应信息，不同价值信息将对应不同的系统积分。

此外，系统还将在各会员单位之间建立信用等级，各会员单位在访问各信息后必须对所访问的信息给予评价，评价原则上分为上、中、下三等。然后，数据库将根据评价情况，对提供信息的会员单位进行信用等级评定，按季通报各会员单位信用等级。

（二）获取信息

各成员单位登录数据库后，可根据本行的系统积分情况，相应地下载数据库中其他成员单位提供的信息，积分越多则可查询的信息也越多，因而各成员单位有动力也有压力不断地提供有效信息给数据库，也不断地从数据库中获取有效的信息用于信贷决策，从而保证实现数据库的正常运转，最终实现各成员单位间信贷决策信息的资源共享。

四、信贷决策信息数据库的保密事宜

由于信贷决策信息是各家银行通过调查分析所形成的劳动成果，大部分都具有较高的商业价值，因而应确保尊重各行劳动成果，使信息不被用于不正当用途，保密规则如下。

（一）自律承诺

各会员在加入数据库成为成员单位时，须承诺将本着诚实信用的原则，正当地使用数据库中的信息，只将其用于本行的信贷决策，不泄露相关信息，不将所获取信息用于不正当用途，否则愿意承担相应法律后果。

（二）技术手段

数据库架设过程中也将通过采取相应技术手段防止信息的泄露。一是将过滤信息提供单位的具体名称（只显示该单位的类型为主要银行或其他较小银行，系统会自动给该单位增加积分和进行信息实用价值评价），使其他信息下载单位无法确切知道提供信息方是哪家单位；查询和下载信息时同样只显示是哪一类型的单位下载了该信息，提供信息方不知道具体是哪个单位下载了该信息，系统会自动记录下载信息单位的名称，以备在出现信息被不正当使用时有线索可查。二是系统将通过设置代码的方式，将信息中的具体企业集团名称进行替换，集团内部关联企业经过标准化处理也用代码显示，这样即使其他单位或个人获取了数据库中的信息，也无从知晓具体的企业名称。而这些代码所对应的具体企业名称，仅提供给各成员单位的高级金融主管或核心信贷决策人员，通过限定使用人员的范围，以尽可能减少信息泄露的可能性，这些代码将不定期进行更新。

宁波市银行业协会

同业合作专业委员会

2010年11月

# 宁波市银行业
# 控制信贷风险合作管理办法
## （2012年11月通过）

### 第一章 总 则

第一条 为推动宁波市银行业信贷业务有序健康发展，建立健全防范和化解信贷风险的合作机制，促进同业合作，维护银行合法权益，特制定《宁波市银行业控制信贷风险合作管理办法》（以下简称管理办法）。

第二条 管理办法适用于宁波市银行业协会会员单位（以下简称会员单位）及其在宁波区域内的分支机构。

第三条 管理办法所称"信贷风险"是由两家或两家以上会员单位依据合法有效贷款合同，向借款人提供的本外币贷款或其他授信业务，因借款人经营治理不善或受外部经济、金融、社会、法律环境等不利因素的影响，难以按时足额偿还或预计无力偿还到期贷款（含其他授信业务，下同）本息产生的风险，以及由此对借款人关联企业和担保企业（以下简称关联方）产生的衍生风险。

第四条 各会员单位愿意按照"风险共担、自主决策、利益共享"的原则，促进债权银行合作，以最大限度地维护债权、控制风险、减少损失。

第五条 宁波市银行业控制信贷风险合作的具体工作由宁

波市银行业协会授权轮值行执行，轮值行由工行、农行、中行、建行、交行组成，轮值期为一年。轮值行应与各会员单位建立联系机制，承担管理办法中的具体工作。

第六条　各会员单位须自觉遵守管理办法，在合作过程中，严格遵守国家有关法律、法规和监管部门颁布的相关规定，确保各会员单位相关行为合法合规。

## 第二章　工作流程

第七条　会员单位发现借款人发生信贷风险，应及时向轮值行报告，由轮值行通知其他会员单位，并启动控制信贷风险合作工作流程，控制风险损失进一步扩散。如借款人仅在一家会员单位办理信贷业务发生信贷风险，该会员单位须及时向轮值行报告，由轮值行通知其他会员单位，必要时启动控制信贷风险合作工作流程。

第八条　发现借款人发生信贷风险，会员单位在尽快进行信息通报的同时，应积极采取措施进行保全，防止借款人及关联方恶意逃债和转移资产。政府、监管部门已另有规定的按照相关要求执行。

第九条　根据风险状况规模、涉及关联方和会员单位情况不同，确定风险量化标准，按照风险量化标准和风险实际情况会员单位可采取单独处理模式、合作模式或债权银行合作模式（如债权银行工作组等）实施相应工作流程。

第十条　控制信贷风险合作工作流程按照"准备—实施—报告"三个阶段执行。准备阶段的工作内容包括：组成债权银行小组、确定小组组长和副组长，准备债权银行会议材料。实施阶段的工作内容包括：召开债权银行小组会议、形成行动方案、统一行动。报告阶段的工作内容包括：形成书面报告；向监管部门，必要时向政府部门上报工作报告。

第十一条　根据借款人及关联方在监管部门相关征信系统有效记录，各债权银行组成债权银行小组，并形成债权银行小组成员清单，列明各债权银行的授信总额和信贷业务明细。

第十二条　债权银行小组组长、副组长和成员。根据债权银行小组成员清单，按照债权银行贷款余额孰大原则，认定最大债权行为组长、第二大债权行为副组长，其他债权银行为成员。作为组长的债权银行应切实履行牵头职能，各债权银行间应加强沟通、协商与配合，共同组织、实施统一行动等相关事宜。

第十三条　债权银行小组应积极邀请政府、监管、司法等部门参加债权银行小组，必要时争取上述部门直接参与或介入风险处置工作，以提高相关处置措施的有效性和约束力。

第十四条　债权银行小组下设债权银行工作团队（以下简称工作团队），由各债权银行派员参加，工作团队由组长牵头组织，按照债权银行小组要求开展各项工作。工作团队成员应审慎、勤勉、尽职，充分履行工作职责，保证债权银行共同利益。

第十五条　工作团队成立后，应立即着手厘清核实借款人的债权债务关系（以人民银行征信系统数据为准）和资金流向，查清企业资金资产是否转移，必要时聘请会计师事务所、资产评估公司等外部专业机构介入。

第十六条　债权银行小组组成、组长确定后，应及时牵头组织召开债权银行小组会议。

（一）会议内容应包括以下三方面。

1. 核对贷款数据。包括借款人及关联方的当前贷款余额、品种、期限、担保方式等情况，由组长单位汇总各行的贷款和担保情况。

2. 组建工作团队。组建相应的工作机构，商讨确定各行参加人员（1~2人）、组织架构、日常办公地点和工作机制等。

3. 商讨行动方案。共同分析借款人及关联方的生产销售、财务收支及现金流状况，第一还款来源、担保措施的有效性等，各会员单位应进行充分的沟通交流，达成共识，及时形成统一可行的保全和处置方案。

（二）债权银行小组会议应及时形成会议纪要，由工作团队负责报送监管、政府和司法（必要时）等相关部门，同时发送各会员单位。

第十七条　工作团队负责起草、签订会员单位内部协议，负责处置方案制订和具体实施。内部协议和处置方案应顾及各会员单位利益，并具有约束力，确保各会员单位在内部协议和处置方案框架下统一行动。

第十八条　债权银行小组工作期间，会员单位与借款人间贷款关系发生变动的应主动向债权银行小组报告，由小组长负责及时进行调整，确保小组成员组成的完整性和有效性。

第十九条　在风险事项未处置化解前，工作团队应确保持续跟踪管理，并根据事态进展情况监控需要建立定期信息沟通交流机制。

## 第三章 工作机制

第二十条 确定债权银行小组表决机制。为完善债权银行小组治理结构、提高磋商效率，债权银行小组应以债权份额为基础，采取"少数服从多数"、"协商一致"等原则，建立健全会谈小组的内部表决机制。

第二十一条 建立借款人信息互通共享机制。会员单位有互通共享借款人信息的权利和义务，此项权利和义务受管理办法约束和保障。借款人信息包括贷前、贷中、贷后三个阶段，贷前阶段主要包括借款人与会员单位合作情况、合作深度等。贷中阶段主要包括会员单位给借款人的审批额度、产品和期限结构等。贷后阶段主要包括出现各类风险事项或重大事项等。

第二十二条 债权银行小组信息统计报送机制。各会员单位在不违反各自保密义务的前提下，应按债权银行小组商定的债权银行信息统计报送机制，及时报送业务数据和其他相关信息，实现信息共享。

第二十三条 债权银行小组定期报告机制。债权银行小组应落实专人负责债权银行小组工作报告，经债权银行小组会议审议通过后，及时报送监管、政府和司法（必要时）等相关部门。

第二十四条 债权银行小组工作报告内容应包括：债权人贷款情况和担保情况、目前存在的主要风险隐患、化解和保全的主要措施和要求、基本经过、各方达成的一致意见、该意见对债权银行小组成员银行的影响、取得的主要成果等内容。

## 第四章　附　则

第二十五条　管理办法经银行业协会全体成员会议审议通过，上报银监局审批同意后生效。管理办法生效后，银行业协会全体会员单位视为承认并受管理办法约束。

第二十六条　管理办法中规定信贷风险的债权人中，涉及会员单位以外的银行机构或非银行金融机构要求加入债权银行小组的，应参照管理办法执行，并受管理办法约束。

第二十七条　管理办法由宁波市银行业协会同业合作专业委员会负责解释和修订。


宁波市银行业协会

同业合作专业委员会

2012年11月

# 宁波市银行业
# "金融桥"电子商务平台
### （2013年3月通过）

　　创造价值、合作共赢是同业协作的理念，一堆沙子是松散的，可是它和水泥、石子、水混合后就会像花岗岩一样的坚硬。银行同业运用现代科技将我们各行的金融资源进行重新组合互动，将产生巨大的能量，造福于社会。鉴于此，经2013年3月8日宁波市银行业协会同业合作专业委员会全体会议通过，将筹建"金融桥"电子商务平台，并按两期工程开发，第一期将主要集中于报价体系的建设。简介如下：

银行同业电子商务平台

　　建设区域性金融同业报价交易平台，在全国银行业协会中处于领先地位。电子商务是基于互联网兴起的一个新兴产业，提供了依托公共网络进行交易的平台。随着电子商务的普及，将银行需合作的金融服务移到专业的金融同业电子商务平台已成为必然趋势，并将逐步成为未来主流的交易模式。

　　以技术为手段，通过统一的信息发布和平台交易，进一步提高同业金融产品的信息透明度；通过有约束力的交易过程和结算模式，努力创造同业金融业务公平、公开、公正的合作新局面。

电子商务平台模式

　　"金融桥"电子商务平台立足并服务于宁波当地金融机

构，其读者和使用对象是金融专业从业人员，待条件成熟后且可向社会公众有限开放。各会员单位是"金融桥"电子商务平台的理事，有责任按照相关章程行使权利与责任。平台主要有以下三部分功能模块。

1. 交易产品信息发布及交易平台

现阶段，选取交易活跃、业务规则相对规范、有较大推广意义的同业金融产品进行研究，建立报价发布和线上交易平台。

2. 同业信息交流平台

由各会员单位的交流平台，可设若干子平台。包括最新行业动态、监管动态、政策法规、集团客户风险管理、政府融资性平台风险管理、新农村建设动态、商案研究、在线商学院等。

此外，在该平台下设立一个"其他金融产品交流"子平台，对于未列入现阶段统一报价线上交易的其他金融产品进行交流（产品名称、内容、方案、交易模式、报价、联系方式等）。信息发布后，有意向会员可在子平台进行咨询和交流，也可直接与信息发布人联系。

3. 会员平台

由各银行自行管理和维护。主要内容为：会员情况介绍；自身产品或优势产品展示；银行最新理财产品报价等；支持中小企业的各项政策等。

现阶段交易品种

根据交易意义及活跃程度，拟对票据转让、资金拆借和银团贷款三个品种进行报价交易，操作上基本以线上操作为主，所有的信息发布和交易过程都记录在平台系统中。

本系统实施两期工程，第一期工程以对票据转让、资金拆借和银团贷款三个品种进行报价为主，待条件成熟再开发第二期工程，即实施线上成交交割。

其他有交易意向的金融产品，会员单位可在金融桥的"同业信息交流平台"的"其他金融产品子平台"中进行发布，有意向会员在线下进行沟通和交易，如该产品的交易量和活跃度逐渐升高，也会考虑将其纳入"金融桥"的系统交易品种之中。

宁波市银行业协会

同业合作专业委员会

2013年3月

伯年册页 绢本 30cm×45cm

# 宁波市银行业协会
# 同业合作专业委员会会员单位

| 编号 | 单位 |
|------|------|
| 1 | 中国农业发展银行宁波市分行 |
| 2 | 国家开发银行宁波市分行 |
| 3 | 中国进出口银行宁波分行 |
| 4 | 中国工商银行宁波市分行 |
| 5 | 中国农业银行宁波市分行 |
| 6 | 中国银行宁波市分行 |
| 7 | 中国建设银行宁波市分行 |
| 8 | 交通银行宁波分行 |
| 9 | 浦发银行宁波分行 |
| 10 | 平安银行宁波分行 |
| 11 | 广发银行宁波分行 |
| 12 | 光大银行宁波分行 |
| 13 | 招商银行宁波分行 |
| 14 | 中信银行宁波分行 |
| 15 | 兴业银行宁波分行 |
| 16 | 民生银行宁波分行 |
| 17 | 恒丰银行宁波分行 |
| 18 | 浙商银行宁波分行 |
| 19 | 华夏银行宁波分行 |
| 20 | 中国邮政储蓄银行宁波分行 |
| 21 | 宁波银行 |
| 22 | 上海银行宁波分行 |
| 23 | 包头商业银行宁波分行 |
| 24 | 临沂商业银行宁波分行 |
| 25 | 浙江泰隆商业银行宁波分行 |
| 26 | 温州银行宁波分行 |
| 27 | 杭州银行宁波分行 |

| 编号 | 单位 |
|------|------|
| 28 | 浙江民泰商业银行宁波分行 |
| 29 | 浙江稠州商业银行宁波分行 |
| 30 | 台州银行宁波分行 |
| 31 | 宁波东海银行 |
| 32 | 宁波通商银行 |
| 33 | 协和银行 |
| 34 | 恒生银行宁波分行 |
| 35 | 汇丰银行宁波分行 |
| 36 | 渣打银行宁波分行 |
| 37 | 东亚银行宁波分行 |
| 38 | 昆仑信托公司 |
| 39 | 浙江华融租赁公司宁波分公司 |
| 40 | 宁波港财务公司 |
| 41 | 浙江省农信联社宁波办事处 |
| 42 | 鄞州农村合作银行 |
| 43 | 余姚农村合作银行 |
| 44 | 慈溪农村合作银行 |
| 45 | 北仑农村信用联社 |
| 46 | 象山农村信用联社 |
| 47 | 奉化农村信用联社 |
| 48 | 宁波市区农村信用联社 |
| 49 | 镇海农村商业银行 |
| 50 | 宁海农村信用联社 |
| 51 | 象山国民村镇银行 |
| 52 | 慈溪民生村镇银行 |
| 53 | 余姚通济村镇银行 |
| 54 | 奉化罗蒙村镇银行 |

彩墨鉴赏

# 落纸烟云　水墨丹青

## ——中国画的审美情趣

杨馨　文/图

## 魏晋南北朝画论·气韵风骨

中国绘画发展到魏晋时期，传统意义上的"中国画"——以笔、墨绘于绢或纸之上的作品才真正诞生。而另一个重要原因就是文人开始参与绘画创作和品评。当时流行的玄学和老庄哲学都推崇"无"、"自然"等观念，反映到绘画品评上则重神多于重形，玄学所强调的自我价值又引导画家在创作时更重视自身的感受，使中国绘画在这一时期形成了一直延续到当代的基本审美规范——画贵气韵。

魏晋南北朝时期出现了系统的绘画理论研究，因而兴起于这一时期的气韵风骨观得以广泛推广与流传。顾恺之最早提出"传神论"，但只将其作为人物画的品评标准。南朝的宗炳将这一理论扩展到了山水画，他的《画山水序》认为万物皆有"神"，寄托于形体之中，如果写出了山水的"神"，那么观者和画者就能够"会心"。

南齐画家谢赫在《古画品录》中提出的著名的"六法"，是直接影响了后世中国绘画审美趣味的重要理论。"六法"是："一曰气韵生动是也；二曰骨法用笔是也；三曰应物象形是也；四曰随类赋彩是也；五曰经营位置是也；六曰传移模写是也。"作者将"气韵"列为绘画"六法"的首位，可见其对气韵的重视程度。

自顾恺之到谢赫，绘画的"神"和"气韵"的重要性超越了形似的重要性，成为中国绘画的重要审美取向。其后的姚最又在《续画品》中提出"心师造化观"，认为画家要"立万象于胸怀"，"学穷性表，心师造化"；再后来传为南朝梁元帝萧绎所作的《山水松石格》中又有"格高而思逸"的说法，都强调了形似以外的东西，可以说这些画论决定了中国绘画在后世的发展方向。

洛神赋图（局部）东晋 顾恺之
卷 绢本设色 27.1cm×572.8cm 故宫博物院藏

# 隋唐写实与绘画的平衡·语汇题材

隋朝的贵族人物画和风俗画有了较大的发展，唐代逐渐形成了既保留有魏晋重气韵的特点，又吸收了外来艺术雄强气势的新的绘画风格，使人物画、山水画和花鸟画都走向了成熟。隋唐两代绘画在技法和审美方面都有了较大的发展和进步，与此同时，在唐代诞生了中国第一部系统完整的绘画通史——《历代名画记》。作者在书中对当时出现的新的绘画风格样式和新的审美倾向做了客观而精妙的论述，对后世绘画技法风格以及审美标准产生了重要影响。

隋唐时期，山水画开始成为一门独立的画科，并逐渐形成了一套系统的山水绘画技法和理论。自隋至唐中期以前的山水画主要是青绿山水，这类作品富丽华贵，装饰性强。唐中晚期出现了以单一墨色绘制的山水画，这类作品重视笔墨的表现力，自产生之日起就备受文人推崇。

唐代花鸟画极为繁盛，笔法细致，设色艳丽，注重真实再现对象。当时著名花鸟画家边鸾的作品就极为写实。同山水画

游春图 隋 展子虔
卷绢本设色 43cm×80.5cm 故宫博物院藏

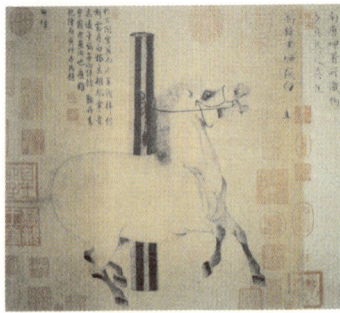

照夜白图 唐 韩幹 卷 30.8cm×33.5cm
纸本设色 美国大都会博物馆藏

江帆楼阁图 唐 李思训
轴 绢本设色
101.9cm×54.7cm
台北故宫博物院藏

一样，唐代花鸟画也出现了设色和水墨两种风格，武则天时期的工部郎中殷仲容能够以墨色画花鸟但"如兼五彩"。唐代尚武之风流行，因此鞍马画的流行成为必然。

　　绘画自魏晋发展到唐代后在写实性方面前进了一步，但当时的画家并未将写实作为唯一的追求目标。在画家眼中，绘画性始终是高于写实性的。唐代绘画在写实性和绘画性之间达到了平衡状态，后世绘画基本延续这一原则继续发展。

　　早在南北朝时期，谢赫就依据"六法"提出了品评绘画的"六品"，盛唐书法家张怀瓘在《画断》中提出以"神"、"妙"、"能"三品来品评画作。中唐理论家朱景玄又在其《唐朝名画录》中加入了不拘常法的"逸品"，绘画品评系统在这一时期粗具规模。

潇湘图 五代 董源
卷 绢本设色 50cm×141cm 故宫博物院藏

# 五代南北朝风格与徐黄体异 · 风格之异

　　五代山水画主要分化为两种风格,主要原因在于南北自然环境的差异。北方画家荆浩、关仝描绘的是太行山和关、陕一带的风光,多高山,因而其作品呈现出雄强的特点。南方画家董源、巨然描绘低矮丘陵地貌的江南山水,因而作品流露出温婉的气质。

　　山水画表现的是画家的胸中山水,画家既可以通过笔墨达到画面的阴阳平衡,又需要通过画面选择恰当的笔墨表现自己所追求的意境,因而笔法与墨法的精到同样是山水画的审美趣味之一。山水画的这三大审美趣味在唐代得到了完整的体现,其后历代山水画在审美趣味性上都具有这三个方面的特点。

　　西蜀受唐代画风影响较大,推崇富丽精工,南唐则偏重清新恬淡,两地的花鸟画受各自画风的影响,面貌差距较大。黄笺的花鸟画工整细致，写实能力极强。北宋沈括在《梦溪笔谈》中记载黄筌的花鸟画妙在赋色，称其用笔极为精细，赋色后不见墨迹。北宋郭若虚在《图画见闻志》中记载徐熙的花鸟画"落墨为格，杂彩副之，迹与色不相隐映也"。这两种不同的花鸟画风格被称为"黄家富贵，徐熙野逸"。徐熙花鸟画作品中的这种野逸趣味受到文人推崇，对后世的花鸟画产生了很大的影响。

写生珍禽图 五代 黄筌
卷 绢本设色 41.5cm×70.8cm 故宫博物院藏

# 两宋多姿的绘画形式·绚丽多彩

宋代绘画的繁荣是宋代"文治"的结果，文人画理论在宋代形成，山水、花鸟画达于鼎盛。

北宋的山水画家们深入自然细心观察，根据不同的地貌特征创造了各种不同的山水画皴法，形成了各具特色的风格面貌，山水画在理论上也取得了巨大的成就，其中郭熙的《林泉高致集》最具代表性。一部分南宋山水画承袭北宋山水画形式，集中表现自然山水的雄浑壮阔，而真正代表南宋山水画风的是那些以表现意境和抒情为目的的"边"、"角"山水。

宋代的花鸟画不仅符合文人、士大夫陶冶性情的需要，更受上至帝王贵胄，下至庶民百姓的喜爱。花鸟画家们继承了西蜀、南唐的绘画传统，画法上直取黄筌和徐熙的画法，形成了"黄家富贵，徐熙野逸"的绘画样式。北宋统一全国后，黄筌父子进入了宋朝画院，其画法和画风得到了宋代最高统治者的赏识，成为左右北宋百余年的花鸟画画风。在此期间，徐熙的画风虽仍受推崇，但多少受排斥，徐熙之孙徐崇嗣在夹缝中创造了"没（mo）骨法"，丰富了花鸟画的表现技法。到了宋神宗前后，黄家画风的统治地位逐渐动摇，出现了赵昌、崔白、易元吉等名家。宋徽宗时期的院体花鸟画非常发达。

宋代的花鸟画家与山水画家一样，特别注重师法自然，当时称为"写生"，即写物之生意。南宋时，进一步发展了北宋末年"宣和体"的纤巧作风，以清艳哀婉为特色，此时小幅面的花鸟画创作大放异彩。

山鹧棘雀图 北宋 黄居寀
轴 绢本设色 97cm×53.6cm
台北故宫博物院藏

双喜图 北宋 崔白
轴 绢本设色 193.7cm×103cm
台北故宫博物院藏

## 两宋院体画与文人画 · 并行发展

画院是宫廷绘画机构的总称，宋代是画院最繁荣的时期，早在北宋立国之初就设立画院，称为"翰林图画院"，后改为"翰林图画局"。两宋的画院画家见诸史籍记载的有200人之多，画风以工整细腻、富贵秀丽为主。由于宋代帝王喜爱书画，对画院十分重视，常常直接参与画事，因此宋代画院极为兴盛，院体画成就极高。

院体画是我国绘画发展史上的一个重要流派，现在习惯把那些在造型上追求工细严谨、讲究法度，在设色和水墨形式上有精细不苟的程式，既重"形似"，更强调"法度"和"神似"，还重视创造深邃动人的意境，以宋代画院为代表的绘画称做院体画。

文人画又叫士夫画，是以文人、士大夫身份从事绘画创作的画家的作品。苏轼率先提出了"士人画"以区别于"画工画"，强调绘画要有诗一般的意境，"诗中有画，画中有诗"。但是，宋代文人画虽格调高雅，但就绘画本身而言，题材过于局限，画法过于简单，确不足以取代宫廷绘画的正统地位。

芙蓉锦鸡图 北宋 赵佶
轴 绢本设色 81.5cm×53.6cm 故宫博物院藏

## 一枝独秀的元代文人绘画 · 文人情调

　　元代绘画的显著特点是文人画的兴盛，山水、枯木、竹、石、梅、兰等都纳入文人画的范畴，成为当时的主要绘画题材。由于大量文人的参与，在绘画作品中强调文学性和笔墨意趣，重视绘画中的书法趣味和诗、书、画的进一步结合。在创作理论上进一步发展了苏轼、米芾、文同等文人画家的绘画传统，把形似放在次要地位，遗貌求神，以简逸为上，重视绘画创作中主观意趣的抒发。文人画概念逐渐明确，内涵也不断丰富，形成了真正意义上的文人画，由此成为画坛主流。

　　在元代的各画科中，山水之盛，不减宋人。元代初期的山水画家主张师法唐、五代和北宋，强调作画要有"古意"和"土气"，摒弃南宋末年陈陈相因的院体作风，水墨写意画风盛行。元初花鸟画继两宋余绪，流行工丽之体。随着文人画的发展和审美观念的转变，梅、兰、竹、石成为最适合文人托物寄兴的对象，墨花墨禽成了文人画家反复吟咏描绘的题材。特别是所谓"四君子画"的盛行，既是对院体花鸟画的变革和发展，又扩大了文人画在花鸟画领域的表现题材。元代许多山水画家也都兼擅水墨花鸟和梅、兰、竹、石，逸笔草草，自然天成，为明代大写意画风的形成起了铺垫作用。

墨梅图 元 王冕
卷 纸本墨笔 50.9cm×31.9cm 故宫博物院藏

竹石集禽图 元 王渊
轴 绢本墨笔 137.7cm×59.5cm
上海博物馆藏

清闷墨竹图 元 柯久思
轴 纸本墨笔 132.8cm×58.5cm
故宫博物院藏

# 明代绘画的各大流派·笔墨意趣（一）

　　明代画风迭变，画派繁兴，形成了以继承和发扬南宋院体画风为主的时代风潮。明代宫廷绘画以花鸟画创作成就最高，不但画家辈出，且风格多样，富有创造性。著名画家有：林良，喜画鹰隼，威猛有势，存世作品以水墨写意为多；吕纪，以精细工整、设色浓艳见长，而用笔、章法粗豪险劲，形成自己的风格。林良和吕纪在明代宫廷花鸟画中堪称双星辉映，后世并称"林吕"。

　　戴进、吴伟以精湛的功力和创新的面貌，使"浙派"一时崛起和持续兴盛，左右画坛100余年。至后期，"浙派"日渐出现末流之弊，流于草率，逐渐失去了画坛主流地位，被明代中

三友百禽图
明 边文进
轴 绢本设色
152.2cm×78.1cm
台北故宫博物院藏

榴花双莺图
明 吕纪
轴 绢本设色
120.4cm×40.2cm
南京博物院藏

期新兴的"吴门画派"取代。"吴门画派"的出现既振兴了文人画，又规范了"浙派"末流技法粗陋之习，推动了明代绘画的发展。沈周、文徵明、唐寅、仇英并称为"吴门四家"或"明四家"，直接影响到明中期以后到清代的绘画史进程。传统水墨写意花鸟画在明代得到了空前发展，继之者陈淳、徐渭又作出了新的贡献，特别是徐渭的泼墨大写意，有力地推进了后世写意花鸟画的发展，画史称为"青藤画派"。

董其昌提出的"南北宗论"，对明末清初的绘画产生了巨大影响，他所创立的"松江派"遂取代了"吴门画派"的统治地位。董其昌将水墨渲淡的文人画称做"南宗"，将青绿勾斫的画法称做"北宗"，抬高士大夫、文人画而贬低职业画家的创作，为文人画全面占领画坛建立了理论基础。

荷花鸳鸯图 明 陈洪绶
轴绢本设色 184cm×99cm
台北故宫博物院藏

# 清代绘画的各大流派·笔墨意趣（二）

　　清代，更多的画家把精力花在追求笔墨情趣方面。王时敏、王鉴、王翚、王原祁四人合称"四王"，再加上吴历、恽寿平，称为"清六家"。清初六家绘画风格各异，总的倾向是以古人为师，以复古为旗帜，追求平淡天真、闲适雅逸的情致。他们的作品在统治者的支持下产生了巨大的影响，在当时的画坛形成强大潮流。

　　清初的遗民画家代表人物"清初四僧"是指出家为僧的画家石涛、朱耷、弘仁、髡残四人。他们的作品均带有强烈的个性和复杂的内涵，与当时主流的正统派画风大异其趣。较著名的还有"金陵八家"，他们醉心于绘画，遁迹于山林，排解亡国后心中的悲伤情怀，作品都有一种清新静谧的气质。

　　清代中期的扬州地区出现了百花争艳的"扬州画派"，而影响最大的当为"扬州八怪"。他们具有较为深厚的文艺修养，诗、书、画、印俱佳。"扬州画派"画家用奔放或古拙的笔墨风格表达自己的个性，继承了从陈淳、徐渭到八大山人、石涛的水墨写意传统，笔墨更为肆意，奔放不羁，借以抒发胸中的愤懑。这与"四王"传派的重视古法的花鸟画不同，因此被认为离开了"正宗"、"正派"，而目之为"怪"。

　　鸦片战争后许多艺术家迁居上海。他们的作品更加注重从西画技巧中汲取营养，形成了"海上画派"。被称为海上名家的有赵之谦、虚谷、"三熊"（张熊、朱熊、任熊）、"三任"（任熊、任薰、任颐）、吴昌硕等。吴昌硕的作品以表现

"气"为主，所谓"不求形似"，"聊写胸中逸气"。那种碑刻刀凿的金石味，在他的绘画中得到体现，运笔厚重、凝涩，创造出代表时代高峰的作品。可以说他是中国古典绘画的最后一位大师，又是开启中国近现代绘画的一代宗师。

红梅图 清 吴昌硕
轴绢本设色 243cm×149.5cm

凌霄松鼠图 清 任伯年
轴 纸本设色 150.9cm×40.5cm
南京博物院藏

# 近现代绘画的转型·百家争鸣

继承传统的同时力图变革出新的传统画家们反对摹古泥古，力主"外师造化，中得心源"，将传统绘画推向高峰。而主张中西融合、要求以西方的造型艺术体系为参照的艺术家们孜孜不倦地改造或改良中国画，中国近代画坛进入了一个百家争鸣的转型时代。

19世纪以后，在北京、上海、广州三地形成了对中国近现代绘画具有重要影响的三大画派——"京津画派"、"海上画派"、"岭南画派"。20世纪初，一些具有新思想的人士和留学生如李瑞清、李叔同、李铁夫、高剑父等办新式美术教育，迈出了中国现代美术的第一步。一批著名的留学生和美术家如徐悲鸿、林风眠、丰子恺、陈之佛、潘天寿等都投身于美术教育。

这一时期涌现了大批名垂青史的艺术家。齐白石将淳朴的民间艺术风格与文人画风相互融合，形成了一种独特的现代花鸟画风格。黄宾虹以真山水为范本，创作了大量的写生山水，在章法上前无古人。潘天寿的画风笔墨苍劲、凝练老辣、大气磅礴，具有摄人心魂的力量感和现代结构美。徐悲鸿的作品融古今中外技法于一炉，给人以生机和力量，表现了令人振奋的积极精神。

墨虾图 齐白石
轴 纸本墨笔

深山游翁 张大千
轴 纸本墨笔
杭州博物馆藏

# 综述

中国画的发展史，可以说是中国传统审美哲学发展的历史。从魏晋南北朝中国画独立成章到当代水墨画的推陈出新，画家们从来没有停止对传统的继承，也致力于开创中国画的新篇章。而每个时代因其社会背景和文化特征的不同，对中国画的审美情趣也在不断变化，中国画的理论体系也得到了完善。

我们欣赏中国画作品的视角可以是多元的，由形至神，由笔墨至意趣，从赋色到墨色，从题材到构图，甚至从类别到形制。无数画家在不断探索和实践中，通过一幅幅卓越的作品，汇集成中国画川流不息的历史长河，而这其中涵盖的风格各异的画派、画风确有海纳百川之势。

当代的艺术教育已然走进了寻常百姓家中，从艺术院校的学生到美术馆里的游客，人们对于中国画作品的认识也不仅仅是书本上、电视里的图片，而是可以面对面欣赏、交流的实实在在的画作。因此，观者与作者的沟通与互动也变得更为直观、深刻。笔者作为在中国美术学院学习中国画十余年的学者，对于中国画的鉴赏虽相对专业，却也不能说高于常人。一幅作品最终是否成功，要看作者是否投入了真诚与热情，是否体现了自己所要表达的心绪，是否打动观者的心灵，与观者产生共鸣。本文试从中国画历史发展的角度探究各时代审美情趣的变化以及由此产生的不同流派、类别，言之草草，意在使读者初步了解中国画的发展历程，从更多元的角度解读中国画作品。

# 参考书目

[1] 贺师三等：《宁波金融志》，北京，中华书局，1996。

[2] 宁波政协：《宁波帮研究》，北京，中国文史出版社，2005。

[3] 浙江政协：《辛亥革命浙江大事记》，北京，中国社会科学出版社，2011。

[4] 秦亢宗：《宁波帮百年风云录》，杭州，浙江工商大学出版社，2011。

[5] 夏东元：《盛宣怀传》，上海，上海交通大学出版社，2007。

[6] 徐矛等：《中国十银行家》，上海，上海人民出版社，1997。

[7] 韩建群等：《国情备忘录》，沈阳，北方联合出版传媒（集团）股份有限公司，2011。

[8] 张国云：《金融战国时代》，北京，中国经济出版社，2013。

[9] 克莱德·普雷斯托维兹：《经济繁荣的代价》，何正云译，北京，中信出版社，2011。

[10] 郭若虚、于安澜：《图画见闻志》，上海，上海人民美术出版社，1963。

[11] 王伯敏：《中国绘画通史》，北京，生活·读书·新知三联书店，2000。

[12] 俞剑华：《中国古代画论类编》，北京，人民美术出版社，2004。

# 后记

由于本书内容横跨两个多世纪，在形式上又将金融与国画结合在一起，所以笔者在创作过程中遇到了不少难题，好在得到了来自各方面的支持和帮助，心存感激。

首先要感谢宁波市银行业协会同业合作专业委员会的全体会员，是大家的共同心声才有本书的面世，其中虞旦、张一敏、陈柳荫、景学峰、庄建军、李晓明等副主任委员作出了很大的努力。

宁波市人民政府金融办公室副主任王勉、宁波银监局副局长施先强、宁波市银行业协会专职副会长李珍珍等领导一直以来对同业合作专业委员会的工作予以大力支持。撰写过程中，同事与友人朱承君、陆信益、程燕飞、周忠、杨海林、吴科晶、胡清莲等为本书提供了许多线索和图片，并做了梳理和校核；王芸参与编辑有关案例及链接相关知识；王松巍、蒋庆云做了许多组织工作。

博兰艺术设计的陈奇敏、中国金融出版社的吕楠编辑为本书的设计和编辑提出了许多宝贵意见，中国金融出版社的专业人士为本书的出版提供了及时和多方面的支持，在此向大家一并致谢！

最后，要感谢我的家人，你们一直鼓励我参与各种社会活动，给我提供了宝贵的精神支持。

《彩墨金融》在编撰中参考、引用了已有学术界的成果，限于篇幅，未能一一加注，书中内容若有疏漏或偏差，恳请专家和读者不吝教正。

陆建范

2013年桂月于宁波